U0908062

阳光阅读

礼仪讲堂

总　主　编：张金豹
本 册 主 编：李小莉　张朝辉
本册副主编：张　洁

江蘇鳳凰教育出版社
Phoenix Education Publishing, Ltd

图书在版编目（CIP）数据

阳光阅读．礼仪讲堂 / 张金豹总主编．— 南京 ：江苏凤凰教育出版社，2016.5（2023.11重印）

ISBN 978-7-5499-5725-5

Ⅰ．①阳… Ⅱ．①张… Ⅲ．①阅读课－中学－教学参考资料 Ⅳ．①G634.333

中国版本图书馆CIP数据核字(2016)第090123号

书　　名　阳光阅读：礼仪讲堂
总 主 编　张金豹
责任编辑　雷利军　万晓文
出版发行　凤凰出版传媒股份有限公司
　　　　　江苏凤凰教育出版社（南京市湖南路1号A楼　邮编210009）
苏教网址　http://www.1088.com.cn
照　　排　红十月图文设计有限公司
印　　刷　唐山富达印务有限公司
厂　　址　唐山市芦台经济开发区农业总公司三社区
开　　本　787毫米×1092毫米　1/16
印　　张　6
字　　数　43千字
版　　次　2016年5月第1版　2023年11月第2次印刷
书　　号　ISBN 978-7-5499-5725-5
定　　价　38.00元
网店地址　http://jsfhjycbs.tmall.com
邮购电话　025-85406265，85400774　短信　02585420909
E － mail　jsep@vip.163.com
盗版举报　025-83658579

前　言

为了全面贯彻落实《国家中长期教育改革和发展规划纲要（2010—2020年）》精神，增强德育工作的针对性和实效性，武汉市二桥中学始终坚持“育人为本，德育为先”的教育宗旨，按照贴近实际、贴近生活、贴近未成年人的原则，开展了丰富多彩的养成教育活动，并将其作为学校的重要议事日程，进行了积极的探索，取得了丰硕的教育成果。这本书就是学校在认真总结实践经验的基础上，组织政教干部、班主任和学生代表经过反复讨论而集中编写的。

对青少年进行文明行为的养成教育，古今中外都非常重视。我国古代教育家孔子就说过，少年若无性，习惯成自然。古希腊的哲人也认为，德是表现在行为上的习惯，德只能在习惯或制约中寻求。青少年时期，人正处于身心发育成长的过程，正处于世界观、人生观和价值观的形成阶段，其思想品德往往具有很大的可塑性。在这一时期抓好青少年文明行为的养成教育，无论是对于他们当前良好道德行为的固化，还是对于他们今后人生高尚行为的养成，都具有决定意义。养成教育要从大处着眼，着眼于帮助学生提高分辨是非、区分善恶的能力，提高进行道德选择与行为评价的能力，增强他们的国家观念、道德观念和法制观念。但养成教育落到实处，却一定要从小处着手，要求青少年从平常的一点一滴、一言一行、一举一动做起，从日常的基本行为做起，从而使之逐渐养成稳定的良好的文明行为习惯。这是一项十分细致且十分重大的任务。

但愿这本书能成为青少年追求理想、诚实做人、友善待人、正确审美的良师益友，同时更殷切地期待青少年能通过日常行为规范的养成教育，打好未来立足社会、成就事业、获得美好人生的坚实基础。

目 录

文件摘录一

《国家中长期教育改革和发展规划纲要（2010—2020年）》战略主题

坚持以人为本、全面实施素质教育是教育改革发展的战略主题，是贯彻党的教育方针的时代要求，其核心是解决好培养什么人、怎样培养人的重大问题，重点是面向全体学生、促进学生全面发展，着力提高学生服务国家服务人民的社会责任感、勇于探索的创新精神和善于解决问题的实践能力。

坚持德育为先。立德树人，把社会主义核心价值体系融入国民教育全过程。加强马克思主义中国化最新成果教育，引导学生形成正确的世界观、人生观、价值观；加强理想信念教育和道德教育，坚定学生对中国共产党领导、社会主义制度的信念和信心；加强以爱国主义为核心的民族精神和以改革创新为核心的时代精神教育；加强社会主义荣辱观教育，培养学生团结互助、诚实守信、遵纪守法、艰苦奋斗的良好品质。加强公民意识教育，树立社会主义民主法治、自由平等、公平正义理念，培养社会主义合格公民。加强中华民族优秀文化传统教育和革命传统教育。把德育渗透于教育教学的各个环节，贯穿于学校教育、家庭教育和社会教育的各个方面。切实加强和改进未成年人思想道德建设和大学生思想政治教育工作。构建大中小学有效衔接的德育体系，创新德育形式，丰富德育内容，不断提高德育工作的吸引力和感染力，增强德育工作的针对性和实效性。加强辅导员、班主任队伍建设。

坚持能力为重。优化知识结构，丰富社会实践，强化能力培养。着力提高学生的学习能力、实践能力、创新能力，教育学生学会知识技能，学会动手动脑，学会生存生活，学会做人做事，促进学生主动适应社会，开创美好

未来。

坚持全面发展。全面加强和改进德育、智育、体育、美育。坚持文化知识学习与思想品德修养的统一、理论学习与社会实践的统一、全面发展与个性发展的统一。加强体育，牢固树立健康第一的思想，确保学生体育课程和课余活动时间，提高体育教学质量，加强心理健康教育，促进学生身心健康、体魄强健、意志坚强；加强美育，培养学生良好的审美情趣和人文素养。加强劳动教育，培养学生热爱劳动、热爱劳动人民的情感。重视安全教育、生命教育、国防教育、可持续发展教育。促进德育、智育、体育、美育有机融合，提高学生综合素质，使学生成为德智体美全面发展的社会主义建设者和接班人。

文件摘录二

《中共中央国务院关于进一步加强和改进未成年人思想道德建设的若干意见》未成年人思想道德建设的主要任务

（1）从增强爱国情感做起，弘扬和培育以爱国主义为核心的伟大民族精神。深入进行中华民族优良传统教育和中国革命传统教育、中国历史特别是近现代史教育，引导广大未成年人认识中华民族的历史和传统，了解近代以来中华民族的深重灾难和中国人民进行的英勇斗争，从小树立民族自尊心、自信心和自豪感。

（2）从确立远大志向做起，树立和培育正确的理想信念。进行中国革命、建设和改革开放的历史教育与国情教育，引导广大未成年人正确认识社会发展规律，正确认识国家的前途和命运，把个人的成长进步同中国特色社会主义伟大事业、同祖国的繁荣富强紧密联系在一起，为担负起建设祖国、振兴中华的光荣使命做好准备。

（3）从规范行为习惯做起，培养良好道德品质和文明行为。大力普及“爱国守法、明礼诚信、团结友善、勤俭自强、敬业奉献”的基本道德规范，积极倡导集体主义精神和社会主义人道主义精神，引导广大未成年人牢固树立心中有祖国、心中有集体、心中有他人的意识，懂得为人做事的基本道理，具备文明生活的基本素养，学会处理人与人、人与社会、人与自然等基本关系。

（4）从提高基本素质做起，促进未成年人的全面发展。努力培育未成年人的劳动意识、创造意识、效率意识、环境意识和进取精神、科学精神以及民主法制观念，增强他们的动手能力、自主能力和自我保护能力，引导未成年

年人保持蓬勃朝气、旺盛活力和昂扬向上的精神状态，激励他们勤奋学习、大胆实践、勇于创造，使他们的思想道德素质、科学文化素质和健康素质得到全面提高。

中小学生守则

（2015年修订）

1. 爱党爱国爱人民。了解党史国情，珍视国家荣誉，热爱祖国，热爱人民，热爱中国共产党。

2. 好学多问肯钻研。上课专心听讲，积极发表见解，乐于科学探索，养成阅读习惯。

3. 勤劳笃行乐奉献。自己事自己做，主动分担家务，参与劳动实践，热心志愿服务。

4. 明礼守法讲美德。遵守国法校纪，自觉礼让排队，保持公共卫生，爱护公共财物。

5. 孝亲尊师善待人。孝父母敬师长，爱集体助同学，虚心接受批评，学会合作共处。

6. 诚实守信有担当。保持言行一致，不说谎不作弊，借东西及时还，做到知错就改。

7. 自强自律健身心。坚持锻炼身体，乐观开朗向上，不吸烟不喝酒，文明绿色上网。

8. 珍爱生命保安全。红灯停绿灯行，防溺水不玩火，会自护懂求救，坚决远离毒品。

9. 勤俭节约护家园。不比吃喝穿戴，爱惜花草树木，节粮节水节电，低碳环保生活。

我的感悟

中学生日常行为规范

（修订）

一、自尊自爱，注重仪表

1. 维护国家荣誉，尊敬国旗、国徽，会唱国歌，升降国旗、奏唱国歌时要肃立、脱帽、行注目礼，少先队员行队礼。

2. 穿戴整洁、朴素大方，不烫发，不染发，不化妆，不佩戴首饰，男生不留长发，女生不穿高跟鞋。

3. 讲究卫生，养成良好的卫生习惯。不随地吐痰，不乱扔废弃物。

4. 举止文明，不说脏话，不骂人，不打架，不赌博。不涉足未成年人不宜的活动和场所。

5. 情趣健康，不看色情、凶杀、暴力、封建迷信的书刊、音像制品，不听不唱不健康歌曲，不参加迷信活动。

6. 爱惜名誉，拾金不昧，抵制不良诱惑，不做有损人格的事。

7. 注意安全，防火灾、防溺水、防触电、防盗、防中毒等。

二、诚实守信，礼貌待人

8. 平等待人，与人为善。尊重他人的人格、宗教信仰、民族风俗习惯。谦恭礼让，尊老爱幼，帮助残疾人。

9. 尊重教职工，见面行礼或主动问好，回答师长问话要起立，给老师提意见态度要诚恳。

10. 同学之间互相尊重、团结互助、理解宽容、真诚相待、正常交往，不以大欺小，不欺侮同学，不戏弄他人，发生矛盾多做自我批评。

11. 使用礼貌用语，讲话注意场合，态度友善，要讲普通话。接受或递送物品时要起立并用双手。

12. 未经允许不进入他人房间、不动用他人物品、不看他人信件和日记。

13. 不随意打断他人的讲话，不打扰他人学习工作和休息，妨碍他人要道歉。

14. 诚实守信，言行一致，答应他人的事要做到，做不到时表示歉意，借他人钱物要及时归还。不说谎，不骗人，不弄虚作假，知错就改。

15. 上、下课时起立向老师致敬，下课时，请老师先行。

三、遵规守纪，勤奋学习

16. 按时到校，不迟到，不早退，不旷课。

17. 上课专心听讲，勤于思考，积极参加讨论，勇于发表见解。

18. 认真预习、复习，主动学习，按时完成作业，考试不作弊。

19. 积极参加生产劳动和社会实践，积极参加学校组织的其他活动，遵守活动的要求和规定。

20. 认真值日，保持教室、校园整洁优美。不在教室和校园内追逐打闹喧哗，维护学校良好秩序。

21. 爱护校舍和公物，不在黑板、墙壁、课桌、布告栏等处乱涂改刻画。借用公物要按时归还，损坏东西要赔偿。

22. 遵守宿舍和食堂的制度，爱惜粮食，节约水电，服从管理。

23. 正确对待困难和挫折，不自卑，不嫉妒，不偏激，保持心理健康。

四、勤劳俭朴，孝敬父母

24. 生活节俭，不互相攀比，不乱花钱。

25. 学会料理个人生活，自己的衣物用品收放整齐。

26. 生活有规律，按时作息，珍惜时间，合理安排课余生活，坚持锻炼身体。

27. 经常与父母交流生活、学习、思想等情况，尊重父母意见和教导。

28. 外出和到家时，向父母打招呼，未经家长同意，不得在外住宿或留宿他人。

29. 体贴帮助父母长辈，主动承担力所能及的家务劳动，关心照顾兄弟姐妹。

30. 对家长有意见要有礼貌地提出，讲道理，不任性，不耍脾气，不顶撞。

31. 待客热情，起立迎送。不影响邻里正常生活，邻里有困难时主动关心帮助。

五、严于律己，遵守公德

32. 遵守国家法律，不做法律禁止的事。

33. 遵守交通法规，不闯红灯，不违章骑车，过马路走人行横道，不跨越隔离栏。

34. 遵守公共秩序，乘公共交通工具主动购票，给老、幼、病、残、孕及师长让座，不争抢座位。

35. 爱护公用设施、文物古迹，爱护庄稼、花草、树木，爱护有益动物和生态环境。

36. 遵守网络道德和安全规定，不浏览、不制作、不传播不良信息，慎交网友，不进入营业性网吧。

37. 珍爱生命，不吸烟，不喝酒，不滥用药物，拒绝毒品。不参加各种名目的非法组织，不参加非法活动。

38. 公共场所不喧哗，瞻仰烈士陵园等相关场所保持肃穆。

39. 观看演出和比赛，不起哄滋扰，做文明观众。

40. 见义勇为，敢于斗争，对违反社会公德的行为要进行劝阻，发现违法犯罪行为及时报告。

我的感悟

礼仪的由来

礼仪作为人际交往的重要的行为规范，它不是随意凭空臆造的，也不是可有可无的。对于礼仪的起源，研究者们有各种的观点，可大致归纳为以下几种。

有一种观点认为，礼仪起源于祭祀。甲骨文中的“礼”字，画的是一个容器中放着若干贝壳或插着麦穗儿之类的东西，祈求来年丰收。东汉许慎的《说文解字》对“礼”字的解释是这样的：“礼，履也。所以事神致福也。从示，从丰，丰亦声。”《说文解字》中的“示”字部，基本上都与鬼神的祭祀活动有关。根据其解释，可见礼是古人为了“事神致福”而履行的一种仪式。古时的祭祀活动不是随意进行的，是严格地按照一定的程序和一定的方式进行的。《荀子·礼论》中说，“故礼上事天，下事地，尊先祖而隆君师，是礼之三本也。”“礼之三本”中的“上事天”“下事地”“尊先祖”，均与人们对天地和先祖的祭祀礼仪密切相关。《礼记·祭统》中说：“凡治人之道，莫急于礼；礼有五经，莫重于祭。”阮元校刻《十三经注疏》中注曰：“礼有五经，谓吉礼、凶礼、宾礼、军礼、嘉礼也。莫重于祭，谓以吉礼之首也。”“五礼”之中以祭为本，一方面反映出祭祀之礼的重要地位，另一方面也说明祭祀之礼是最早形成仪式化、固定化的礼仪规范。远古祭祀之礼生成发展的过程，便是礼仪形成及演变的过程。

还有一种观点认为，礼仪起源于风俗习惯。人是群居性动物，不能离开社会和群体，人与人在长期的交往活动中，渐渐地产生了一些约定俗成的习惯，久而久之这些习惯成为了人与人交际的规范。当这些交往习惯以文字的形式被记录并同时被人们自觉地遵守后，就逐渐成为人们交际中固定的礼仪。遵守礼仪，不仅使人们的社会交往活动变得有序，而且使人与人在交往中更具有亲和力。《西方礼仪集萃》开篇中这样写道：“表面上礼仪有无数的清规戒律，但其根本目的在于使世界成为一个充满生活乐趣的地方，使人变得和易近人。”

还有一种观点认为，礼仪是为表达自身感情而存在的。在没有礼仪存在的时候，人们祭祀天地根本无法表达心中的敬畏，后来才出现了礼仪，如同语言因为需要才产生的一般。

从礼仪的起源可以看出，礼仪是在人们的社会活动中，为了维护一种稳定的秩序，为了保持一种交际的和谐而应运产生的。一直到今天，礼仪依然体现着这种本质特点与独特功能。

我的感悟

古今之“礼”

中国有五千年文明史，素有“礼仪之邦”之称。礼仪作为中国传统文化的一个重要组成部分，对中国的社会历史发展具有深远的影响。

虽然现代的礼仪与古代的礼仪已有很大差别，但那些对今天仍有积极和普遍意义的传统礼仪，如尊老敬贤、仪尚适宜、礼貌待人、仪容有整等，将作为中华民族灿烂文化的一部分永远被传承下去。

一、尊老敬贤

我国自原始社会到封建社会，人际关系均以氏族家庭的血缘关系为纽带，故此，人们在家庭里尊从祖上，在社会中尊敬长辈。

其实，任何形态的社会，都需要尊敬老人。因为，老人不仅阅历深，见闻广，经验多，劳动时间长，对社会贡献大，理应受到尊敬，而且他们在体力上和精神上较差，需要年轻人的体贴、照顾和帮助。作为一个有礼貌的现代青年，对长者和老人，应该做到路遇主动谦让，乘车主动让座，在商店、戏院等公共场所应尽量考虑为老人创造方便条件。

由于中国古代社会推崇礼治和仁政，敬贤也成为一种历史的要求。关于敬贤，三国时候有个典故叫“三顾茅庐”。说的是刘备仰慕诸葛亮的才能，亲自到诸葛亮居住的草庐请他出山相助自己，一而再，再而三，诸葛亮才答应。“三顾茅庐”也成为敬贤的美谈。

纵观中国古代历史，有作为的君主大多非常重视尊贤用贤，视之为国家安危的决定因素。而今天，我们提倡发扬古代的“敬贤之礼”，要赋予现代新人才观的内容，就是要尊重知识，尊重人才。

当今社会，各种竞争越来越激烈。而种种竞争，归根到底是人才的竞争。大至国家和民族，小到公司企业，要在激烈的竞争中保持优势地位，都必须拥有强大的人才队伍，只有从思想观念到具体行动上尊重和爱护人才，使全社会形成一个尊重知识、尊重人才的良好环境，形成足够强大的人才队伍，才能立于不败之地。

二、仪尚适宜

中华民族素来注重通过适合的形式，表达人们内心丰富的情感。遇到重大节日和发生重要事件时，多有约定俗成的仪式。如获得丰收，要欢歌庆贺；遭到灾祸，要祈求神灵保佑。久而久之，就形成许多节庆及礼仪形式，如春节、元宵节、中秋节、重阳节等，几乎每个节日都有特定的礼俗。

今天，我们要保持和发扬中华民族优秀的礼仪文明，最重要的一点就是贵在适宜。正如古人所主张：“奢自文生，文过则为奢，不足则为俭。”可见，仪式的规模在于得当，适当的文饰是必要的，但过分就会造成奢侈浪费，而过于吝啬也是不得体的。

在当今的社会活动中，举行各种仪式仍然是不可缺少的。我们要把握好各种仪式的规模，就必须掌握适度的原则，要使必要的仪式同现代文明相结合，使相关的活动既隆重其事，又不至于华而不实。

三、礼貌待人

任何一个文明社会，任何一个文明民族，人们都是十分注重文明礼貌的。因为，礼貌是人类社会据以促进人际交往友好和谐的道德规范之一，是构建起与他人和睦相处的重要桥梁。它标志着一个社会的文明程度，反映着一个民族的精神面貌。中华民族历来就非常重视遵循礼规、礼貌待人，其中许多耐人寻味的经验之谈，无论过去和现在都给人以启迪。

(一)与人为善

与人相处，为善当先。这个“善”，应是出自内心的诚意，是诚于中而形于外，而不是巧言令色和徒具形式的繁文缛节。《礼记》说：“夫礼者，自卑而尊人。”表面上恭敬热情而内心虚伪，或是仅仅内心尊敬而毫无表情，都是不够的。应该表里一致，才能从根本上消除人与人之间的隔阂和摩擦，进而互敬互爱，友好相处。

尊重他人，就要平等待人，不分贵贱等级，一视同仁。只对上层人士献予礼敬，以财势取人，以利益交人，其实是小人所为。《论语·子罕》载：孔子遇到穿丧服的人、穿戴着礼帽礼服的人和盲人时，即使对方是年纪很小的人，也一定会站起来，走过他们身边时，一定会小步快走以表示恭敬。

古人敬人的方法也有值得我们借鉴的地方。例如，尊重他人的意愿，体谅别人的需要和禁忌，不能强人所难，不苛求别人做不能做的事，不强求别人接受不喜欢的东西。古人说：“不责人所不及，不强人所不能，不苦人所不好。”“己所不欲，勿施于人。”在与人交往中，幽默与善意的玩笑往往给人带来轻松和愉快，但绝不可戏弄取乐。如果拿别人姓名为笑料，或给人起不雅的绰号，都是十分不敬的。南北朝时期的学者颜之推就曾对此种不敬气愤而言：“今世愚人遂以相戏，或相指名为豚犊者。有识旁观，犹欲掩耳，况当之者乎？”

(二)礼尚往来

礼尚往来，是礼貌待人的一条重要准则。就是说，接受别人的好意，必须报以同样的礼敬。这样，人际交往才能平等友好地在一种良性循环中持续下去。因此，《礼记》说：“礼尚往来，往而不来，非礼也；来而不往，亦非礼也。”

对于受恩者来说，应该滴水之恩，涌泉相报。在古人眼中，没有比忘恩负义更伤仁德的。孔子说：“以德报德，则民有所劝。”“以怨报德，则刑戮之民也。”可见，以德报德，有恩必报，是待人接物的基本道德修养。当然，往来之礼也该适度。送礼的本意，在于表达敬意、答谢之意，所谓礼轻意重，并非越多越好。正如《庄子 · 山木》所说："君子之交淡若水，小人之交甘若醴。君子淡以亲，小人甘以绝，彼无故以合者，则无故以离。"

四、仪容有整

一个人的仪表和仪态，是其修养和文明程度的表现。古人认为，举止庄重，进退有礼，执事谨敬，文质彬彬，不仅能够保持个人的尊严，而且有助于进德修业。古代思想家曾经拿禽兽的皮毛与人的仪表仪态做比喻，认为禽兽没有了皮毛，就不能为禽兽，而人失去仪礼，也就是不成为人了。

古人对仪表的要求，不免过于烦琐。但其中最重要的，有如下三个方面。

（一）衣着容貌

《弟子规》要求："冠必正，纽必结，袜与履，俱紧切。"这些规范对现代人来说仍是必要的。帽正纽结，鞋袜紧切，是仪表的基本要求。如果一个人衣冠不整，鞋袜不正，往往会使人产生反感甚至恶心，有谁会亲近这样的人呢？当然，衣着打扮，必须适合自己的职业、年龄、生理特征、所处的环境和交往对象的生活习俗。浓妆艳抹，矫揉造作，只会适得其反。

（二）行为举止

孔子说："君子不重则不威。"这是因为，只有庄重，才有威严。具体说来，要求做到"站如松，坐如钟，行如风，卧如弓"，就是站要正，坐要稳，行动利索，侧身而睡。在公众场合举止不可轻浮，应该庄重、谨慎而又从容，做到"非礼勿视，非礼勿听，非礼勿言，非礼勿动"，处处合乎礼仪规范。

（三）言语辞令

语言是人们思想、情操和文化修养的一面镜子。古人所谓"修辞立其诚，所以居业也"，就是将诚恳地修饰言辞看成立业的根基，并且要"言必信，行必果"。巧言令色的人，是不可能取信于他人的。此外，还要慎言。古人说，上天生人，舌头上下有两排牙齿紧密围裹，又在外面包一层厚厚的嘴唇，就是要人们说话谨慎。当然古人并非是要求人们少言语，而是说话要视具体情况，当说则说，当默则默。孔子说：“可与言而不与之言，失人；不可与言而与之言，失言。知者不失人，亦不失言。”说的就是这个道理。

以上几方面是我国传统礼仪文化的精华。虽说时代不同了，但古人对仪容仪表的重视及整洁仪容的要求，是值得今人借鉴的。外在形象是一种无声的语言，它反映出一个人的道德修养，也向人们传递着一个人对生活的态度。一个具有优雅仪表的人，无论他走到哪里，都会给那里带来文明的春风，得到人们的尊敬。

毫无疑问，传统礼仪文化对我国的社会历史发展产生了积极的影响。一般说来，讲文明礼貌的人越多，社会便越和谐安定。如果每一个人都教养有素，礼貌待人，处事有节，我们的生活就会多一些和谐与愉悦，国家和社会就会多一些有序与文明。

我的感悟

中学生文明礼仪

礼仪是人类为维系社会正常生活而要求人们共同遵守的最基本的道德规范，它是人们在长期共同生活和相互交往中逐渐形成的，并且以风俗、习惯和传统等方式固定下来。对个人而言，礼仪是一个人思想道德水平、文化修养和交际能力的外在表现。对社会而言，礼仪是一个国家社会文明程度、道德风尚和生活习惯的反映。

一、个人礼仪

1. 仪表

仪表是一个人精神面貌的外在体现。清洁卫生是仪容美的关键，是礼仪的基本要求。不管长相多好，服饰多华贵，若满脸污垢，浑身异味，那必然会破坏一个人的美感。因此，每个人都应该养成良好的卫生习惯，做到入睡、起床洗脸，早晚、饭后勤刷牙，经常洗头和洗澡，讲究梳理勤更衣。与人谈话时，应保持一定距离，声音不要太大，不要对人口沫四溅。

当然，我们不应该在人前“打扫个人卫生”，如剔牙齿、掏鼻孔、挖耳屎、修指甲、搓泥垢等，这些行为都应该避开他人进行，否则，不仅不雅观，而且不尊重他人。

2. 言谈

言谈作为一门艺术，也是个人礼仪的重要组成部分。

礼貌：态度要诚恳、亲切，音量大小要适宜，语调要平和沉稳。

用语：要使用敬语，也就是表示尊敬和礼貌的词语。例如，初次见面可以说“久仰”，很久不见要说“久违”，请人批评为“指教”，麻烦别人称“打扰”，托人办事为“拜托”，等等。当前，我们提倡的礼貌用语是十个字：“您好”“请”“谢谢”“对不起”和“再见”

3. 仪态举止

谈话姿势：谈话的姿势能反映出一个人的性格和修养。在交谈时，双方要互相正视、互相倾听，不能东张西望、看书看报、面带倦容、哈欠连天。否则，会给人心不在焉、傲慢无理等不礼貌的印象。

站姿：站立是人最基本的姿势，是一种静态的美。站立时，身体应与地面垂直，重心放在两个前脚掌上，挺胸，收腹，收颌，抬头，双肩放松，双臂自然下垂或在体前交叉，眼睛平视，面带笑容。站立时不要歪脖、斜腰、曲腿等，在一些正式场合不宜将手插在裤袋里或交叉在胸前，更不要下意识地做些小动作，那样不但显得拘谨，给人缺乏自信之感，而且有失仪态的庄重。

坐姿：坐也是一种静态造型。端庄优美的坐，会给人以文雅、稳重、自然、大方的美感。正确的坐姿应该是腰背挺直，肩放松，双手自然放在膝盖上或椅子扶手上。女性应两膝并拢。男性的膝部可分开一些，但不要过大，一般不超过肩宽。在正式场合，入座时要轻柔和缓，起座要端庄稳重，不可猛起猛坐，弄得桌椅乱响，造成尴尬气氛。不论何种坐姿，上身都要保持端正，如古人所言的“坐如钟”。

走姿：行走是人在生活中的主要动作。走姿是一种动态的美，“行如风”就是用风行水上来形容轻快自然的步态。正确的走姿是轻而稳，胸要挺，头要抬，肩放松，两眼平视，面带微笑，自然摆臂。

二、学校礼仪

1. 课堂礼仪

遵守课堂纪律是学生最基本的礼貌。

上课：上课的铃声一响，学生应端坐在教室里，恭候老师上课，当教师宣布上课时，全班应迅速起立，向老师问好，待老师答礼后，方可坐下。学生应当准时到校上课，若因特殊情况不得已在上课后进入教室，应先得到教师允许后，方可进入教室。

听讲：在课堂上，要认真听老师讲解，注意力集中，独立思考，对于重要的内容应做好笔记。当老师提问时，应该先举手，待老师点到你的名字时才可站起来回答。发言时，身体要立正，态度要落落大方，声音要清晰响亮，并且应当使用普通话。

下课：下课铃响时，若老师还未宣布下课，学生应当安心听讲，不要忙着收拾书本，或把桌子弄得乒乓作响，这是对老师的不尊重。下课时，全体同学仍需起立，与老师互道“再见”。待老师离开教室后，学生方可离开。

2. 服饰仪表

基本要求是合体，适时，整洁，大方，讲究场合。

3. 尊师礼仪

学生在校园内与老师相遇时，应主动向老师行礼问好。学生进入老师的办公室或宿舍时，应先敲门，经老师允许后方可进入。在老师的工作和生活场所，不能随便翻动老师的物品。学生对老师的相貌和衣着不应指指点点、评头论足，要尊重老师的习惯和人格。

4. 同学之间的礼仪

注意同学之间的相处礼仪，是获得良好同学关系的基本要求。同学之间可彼此直呼其名，但不能用“喂”“哎”等不礼貌用语。在有求于同学时，要用“请”“谢谢”“麻烦你”等礼貌用语。借用学习和生活用品时，应先征得同意后再使用，用后应及时归还，并要致谢。对于同学遭遇的不幸、偶尔的失败、学习上暂时的落后等情况，不应嘲笑、冷笑、歧视，而应该给予热情的帮助。对同学的相貌、体态和衣着不能评头论足，也不能给同学起具有侮辱性的绰号，绝对不能嘲笑同学的生理缺陷。在这些事关自尊的问题上一定要细心加尊重，同学忌讳的话题不要去谈，不要随便议论同学的不是。

5. 集会礼仪

集会是学校经常举行的活动，一般在操场或礼堂举行。由于参加人数众多，又是正规场合，因此要格外注意集会中的礼仪。

学校中最重要的集会是升国旗仪式。国旗是一个国家的象征，升降国旗是对青少年进行爱国主义教育的一种方式。升旗时，全体学生应整齐列队，面向国旗，肃立致敬。当升国旗时，要立正，脱帽，行注目礼，直至升旗完毕。升旗是一种严肃、庄重的活动，切忌自由活动、嘻嘻哈哈、东张西望。

听报告、看演出、看比赛时，应按规定时间准时或提前到达，按序进场，保持安静，并以鼓掌表示欢迎、感谢和赞赏。

当登台发言时，先向师长、来宾敬礼，再向听众敬礼，发言完毕仍需按要求敬礼和道谢，再回座位。这样做的意义，是表示对师长、来宾和听众的礼貌和感谢师长对自己的培养与支持。

6. 校内公共场所礼仪

应该自觉保持校园整洁，不在教室、楼道、操场乱扔纸屑和果皮，不随地吐痰，不乱倒垃圾，不在黑板、墙壁和课桌椅上乱涂、乱画、乱抹、乱刻，爱护学校公共财物、花草树木，节约用水用电。自觉将自行车存放在指定的车棚或地点，不乱停乱放，尽量避免在校内造成堵车。

三、公共礼仪

1. 礼貌用语

使用尊称，例如，对长辈、友人或初识者称“您”，对社会工作人员要称呼职务或“叔叔”“阿姨”等，不直呼其姓名。

对他人提出要求时说“请”，与人打招呼时说“您好”，与人分手时说“再见”，给人添麻烦时说“对不起”，别人向自己致歉时回答“没关系”，受到别人帮助表示感谢时说“谢谢”。

2. 体态语言

微笑：是对他人表示友好的表情。微笑时应不露牙齿，嘴角微上翘。

鞠躬：是下级对上级、晚辈对长辈、个人对群体的礼节。行鞠躬礼时，应脱帽，立正，双目注视对方，面带微笑，然后身体上部向前倾斜，自然弯下15°～30°左右，低头眼向下看。有时为深表谢意，上体前倾可再深些。

握手：是与人见面或离别时最常用的礼节，也是向人表示感谢、慰问、礼贺或鼓励时的礼节。握手前，应起身站立，摘下手套，用右手与对方右手相握。 握手时，应双目注视前方，面带微笑。一般情况下，握手不必用力，握一下即可，老友间可握得久些或边问候边紧握双手。

招手：在公共场合远距离遇到相识的人或送别离去的客人时，可以举手打招呼并点头致意。招手时手臂微屈，手掌伸开摆动。

鼓掌：鼓掌时，双手手掌有节奏地相击，鼓掌要适时适度。

右行礼让：上、下楼梯或在街道上行走时，靠右侧行进。遇到师长、客人进出房门时，应主动开门侧立，让他们先行。

四、其他礼仪

课间开展正当游戏活动，以礼待人，通道和走廊内禁止追逐乱跑，不打架，不骂人，不讲下流话，上、下楼梯靠右走。正当的游戏有助于课间休息，以充沛的精力投入下一课的学习。

在图书馆、阅览室时，应保持安静，馆内走动要放轻脚步，有必要交谈时应该尽量简短、轻声，不抢占座位，文明阅览，姿势端正，注意用眼卫生。爱护图书报刊，要轻拿、轻翻、轻放，不能因自己需要某些资料而损坏图书，私自剪裁图书是极不道德的行为。借阅图书应按期归还。

递送或接受物品时，要起立并用双手。馈赠不仅是一种礼节形式，而且是人与人之间诚心相待的表现。馈赠礼品，一是社会交往中礼尚往来的需要，二是为了表达友情或谢意，不管是递送或接受，均应起立并用双手。

乘车、出入公共场所排队、谦让，在影剧院、车站、码头等场所要注意公共卫生，遵守社会公德。乘车、购物和出入公共场所人多拥挤时，要自觉遵守秩序，依次排队，相互谦让，不要争先恐后。在影剧院、车站、码头等场所要注意公共卫生，不随地吐痰，不乱丢果皮、纸屑和杂物。

文明就餐，注意谦让和礼节，购买饭菜应排队，注意卫生，爱惜粮食，举止文雅。饭前要洗手和冲洗餐具，不挑食，不乱倒剩饭剩菜。尊重炊管人员的劳动，发生矛盾后，要注意谦让和谅解，洗碗时相互礼让，不抢先、拥挤。不大声喧哗，不端着碗走来走去，不发出过大的吃饭声音。

遇见来校宾客，热情行礼，并打招呼，友好待客，对待来宾的问题要热情解答。

注意宿舍的安静和整洁，讲究卫生，节约用水。宿舍是同学们共同生活和休息的场所，要相互尊重，相互关心，以礼相待，和睦相处，做好值日卫生，搞好环境布置。未经许可不得动用他人物品和坐卧他人床铺。使用洗漱间要讲究卫生，节约用水。如果同学生病或遇到困难，要主动关心、照顾、帮助。当与同学发生矛盾时，要学会克制，严以责己，宽以待人，说明道理，达成谅解。

我的感悟

中学生行为规范九字真言

行：走姿轻而稳，头要抬，肩放松，两眼平视，面带微笑，自然摆臂，上身要挺拔，腰部要伸直。文雅的走姿尽显青少年的文化修养，挺拔的身姿尽显青少年的阳光、大方与自信。

立：头正，腰直，肩平，挺胸，收腹，垂手，身体直立挺拔，头、颈、身躯、双腿与地面垂直。形体显得庄重、平稳。

坐：坐姿要端正，上身自然挺起，两肩放松，脖子挺直，两脚平落地上。端正的坐姿传递着自信、友好和热情的信息，同时显示出高雅庄重的良好风范。

说：说话时精神饱满，不含糊不清；大方自信，不回避发言机会；磨砺智慧，善于找到最能表达思绪条理的灵巧途径；不放弃“提升”意识，口才的练达是我们每一次积淀的精华。另外，要有整体意识和大局观念，课堂质疑有理有据有节，不信口开河、盲目引导话题。尊重别人，尊重对手。

听：听是通向“思考”的铺路石，善听则会思，听老师讲解，听同学发言，“听”自己的思路。在听中思考，在思考中开拓潜力。

思：思是“说”和“听”的结晶，是智慧的花朵，如朝霞般灿烂。沐浴在霞光中的万物，哪怕是一颗小小的露珠，都能折射出无限的荧光与剔透。会思考的学习者，是最空灵的天使。

爱：如果睁开眼看见阳光，你会感谢这神奇的大自然的赐予，那是因为有“爱”；如果听见闹钟翻身起床，你会感谢上帝给你强健的体魄，那是因为有“爱”；如果得到家人的体贴与关心，你会由衷地感谢与感恩，那是因为有“爱”；如果得到别人的帮助与关注，你会毫不吝啬你的热忱，那是因为有“爱”……如果有“爱”，你就会拥有最美丽的心灵，你就会拥有最灿烂的笑容，你就会拥有最真诚的祝福。学会爱，你就是一个最强大的人。做一个强大的人吧！

诚：诚是将爱转化成一种态度，转化成一种对待方式。诚是爱的必然结果，有了爱，你才热诚，你才真诚，你才坦诚，你也才诚实。有了热诚和真诚，你才能宽容，才能豁达，才能志存高远，才能提升未来！

雅：雅是前面八个字的整体反映，做到“行”“立”“坐”，你的外形气质才文雅，才文明。做到“说”“听”“思”，你的言谈举止才高雅，才优雅。拥有“爱”“诚”，你的思想领域才旷远，才深厚！

我的感悟

中国传统礼仪常识

一、五礼

五礼是形成于周代的五大类礼仪，分别是吉礼、凶礼、军礼、宾礼、嘉礼，其最早记载于《周礼》。其中，吉礼是五礼之冠，主要是对天神、地祇、人鬼的祭祀典礼；凶礼是哀悯、吊唁、忧患之礼，用于礼哀死亡、灾祸、寇乱等；军礼是与军事有关的礼仪，用以战前动员，鼓舞士气；宾礼是对来访的宾客所实施的礼仪；嘉礼比较琐碎，用于国家或人民日常生活中对比较高兴的事情的庆祝。

五礼在西周时期形成，在春秋战国时期曾一度遭到破坏，即所谓的“礼乐崩坏”。孔子所创立的儒家学派对周代礼制进行了继承和发扬。汉代时，儒士叔孙通以五礼为参考所设计的礼仪被汉高祖采纳为宫廷礼仪。自此，五礼成为后世历代帝王乃至民间礼仪的基本骨架，为后世国家政治的稳定和社会运转的有序提供了保障。

五礼在后世历代都有所发展，其所涉及的范围不断扩大，内容日渐增多。以宋礼为例，各类吉礼已达43种，嘉礼27种，宾礼24种，军礼6种，凶礼12种。这些礼仪存在于国家政治、人们日常生活的方方面面，并深入人心，让每个人都自觉或不自觉地以其为自己的行为规范，中国被称为礼仪之邦正是源于此。

二、儒家三礼

三礼，是儒家经典《周礼》《仪礼》《礼记》的合称。《周礼》是关于先秦职官与各种典章制度的书，汉初名《周官》，后改称《周礼》。《仪礼》全书共十七篇，其内容包括冠、婚、丧、祭、射、乡、朝、聘等方面的基本礼仪，是历代王朝制定礼制的重要依据。《礼记》，原是解说《礼仪》的资料汇编，反映了古代社会的伦理观念、宗法制度、阶级关系和儒家各学派的思想等。

三、日常礼仪

行走之礼：在行走过程中同样需要注意人际关系的处理，因此有行走的礼节。古代常行“趋礼”，即地位低的人在地位高的人面前走过时，一定要低头弯腰，以小步快走的方式对尊者表示礼敬。行走礼仪中，还有“行不中道，立不中门”的原则，即走路不可走在路中间，应该靠边行走；站立不可站在门中间。这样既表示对尊者的礼敬，又可避让行人。

见面之礼：人们日常见面既要态度热情，又要彬彬有礼。如何与不同身份的人相见，都有一定的规矩。拱手礼是最普通的见面礼仪，方式是双手合抱举至胸前，立而不俯，表示一般性的客套。如果到别人家做客，在进门与落座时，主客相互客气行礼谦让，这时行的是作揖之礼，称为“揖让”。作揖同样是两手抱拳，拱起再按下去，同时低头，上身略向前屈。作揖礼在日常生活中为常见礼仪，除了上述社交场合外，向人致谢、祝贺、道歉及托人办事等也常行作揖礼。在当今社会，人们相见一般习惯用西方社会传入的握手礼。

入座之礼：古代社会礼仪秩序井然，坐席亦有主次、尊卑之分，尊者上坐，卑者末坐。何种身份坐何位置都有一定之规，如果盲目坐错席位，不仅主人不爽，自己事后也会为失礼之事追悔莫及。室内座次以东向为尊，即贵客坐西席上，主人一般在东席上作陪。年长者可安排在南向的位置，即北席。陪酒的晚辈一般在北向的位置，即南席。入坐的规矩是，饮食时人体尽量靠近食案，非饮食时身体尽量靠后。有贵客光临，应该立刻起身致意。

饮食之礼：饮食礼仪在中国传统文化中占有极重要的位置，迎宾的宴饮称为“接风”“洗尘”，送客的宴席称为“饯行”。宴饮之礼无论迎送都离不开酒品，“无酒不成礼仪”。宴席上饮酒有许多礼节，客人需待主人举杯劝饮之后，方可饮用。在进食过程中，同样先有主人执筷劝食，客人方可动筷。

拜贺庆吊之礼：中国自古是一个人情社会，人们相互关怀，相互体恤，在拜贺庆吊中有许多仪礼。拜贺礼一般行于节庆期间，是晚辈或低级地位的人向尊长的礼敬，同辈之间也有相互的拜贺。行拜贺礼时，不仅态度恭敬，口诵贺词，俯首叩拜，而且要有贺礼奉上。庆吊之礼，主要行于人生大事中。

人的一生要经历诞生、成年、婚嫁、寿庆、死亡等若干节点，围绕着这些人生节点，形成了一系列人生礼仪。

中国传统礼仪文化博大精深，源远流长，有精华，也有糟粕。对此，我们应该以客观的态度、理性的思考去解读中国传统礼仪文化，我们要摒弃不好的一面，继承和发扬好的一面，思考着怎么将它们化为自己的优势所在。

四、九容

“九容”是古代在日常生活中从小就要学习并熟悉的关于人格修养和礼仪的基本规则，指导人们在日常生活中保持良好的心态和高雅的姿态。

“足容重”，是指脚步稳重，不要轻举妄动（在尊长面前快速通过时不受此限）。

“手容恭”，不是指慢腾腾地干活，而是指无事可做时，手要端庄握住，不要乱动。

“目容端”，是指目不斜视，观察事物时要专注。

“口容止”，是要求在说话、饮食以外的时间，嘴不要乱动。

“声容静”，是指振作精神，不要发出打饱嗝或吐唾液的声音。

“头容直”，是要求昂首挺胸，不要东倚西靠。

“气容肃”，是指呼吸均匀，不出粗声怪音。

“立容德”，是指不倚不靠，保持中立，表现出道德风范。

“色容庄”，是指气色庄重，面无倦意。

五、冠礼

我国远古氏族社会时代，曾流行过一种成丁礼。氏族中的未成年者，可以不参加生产和狩猎活动，也不必参加战争，氏族对他们有哺育和保护的责任。但在他们达到成人的年龄后，氏族则要用各种方式测试其体质与生产、战争技能，以确定其能否取得氏族正式成员的资格。随着社会的发展，成丁礼在绝大多数地区都消失了，而儒家学者看到了它的合理内核，将其加工改造为冠礼，作为人生礼仪的重要组成部分之一。

行冠礼之年，也就是进入成年的年龄，是有一定讲究的。儒家认为，人的成长离不开学习，不同的年龄段有不同的学习内容。《礼记·内则》记载，六岁，教以数目与四方之名；八岁，教以礼让，示以廉耻；九岁，教以朔望和六十甲子；十岁，离开家庭，住宿在外，向老师学习“书计”（文字）、“幼仪”（侍奉长者的礼仪），以及有关的礼的篇章和日常应对的辞令；十三岁，学习音乐，诵读《诗经》，练习称为《勺》的舞蹈（文舞）；十五岁之后称为“成童”，练习称为《象》的舞蹈（以干戈为道具的武舞），以及射箭和御车。到了二十岁，具备了一定的文化知识的基础，而且身体发育成熟，此时可以为之举行成年礼。

《礼记·冠义》说：“成人之者，将责成人礼焉也。责成人礼焉者，将责为人子、为人弟、为人臣、为人少者之礼行焉。将责四者之行于人，其礼可不重与？”这说明，举行冠礼，是要提示行冠礼者将由家庭中毫无责任的孺子转变为正式跨入社会的成年人，只有能履践孝、悌、忠、顺的德行，才能成为合格的儿子、合格的弟弟、合格的臣下、合格的晚辈，成为各种合格的社会角色。唯其如此，才可以称得上是人，也才有资格去治理别人。因此，冠礼就是以成人之礼来要求人的礼仪。

六、笄礼

古代男子有冠礼，女子则有笄礼。《礼记 · 曲礼》说：“女子许嫁，笄而字。”可见，女子是在许嫁之后举行笄礼、取表字。笄礼的年龄小于冠礼。《礼记 · 杂记》说：“女子十有五年许嫁，笄而字。”如此，则许嫁的年龄是十五岁。如果女子迟迟没有许嫁，则可以变通处理。郑玄注《礼记 · 内则》说：“其未许嫁，二十则笄。”笄礼的仪节，文献没有记载，学者大多认为应当与冠礼相似。

七、拜师礼

按《礼记 · 内则》规定，青少年十岁时出门拜师求学，不论是进私塾，还是入庠序等学府，都要行拜师礼。

先秦时期，初次拜见老师是以“束脩”（即十条干肉）作为礼物，并举行相应的拜见礼节，以表达敬意。后来，青少年求学的年龄大多提前到七八岁，给老师的见面礼也不再限于干肉，但拜师的仪式则一直延续下来，只不过根据青少年家庭的地位及经济状况不同，仪式之繁简有所差异而已。

古代的官宦家庭虽然在家教阶段即给青少年传授了一些文化知识，但是真正意义的学业还是从正式拜师开始的。第一位老师对于青少年承担着启蒙的责任，习惯上称为蒙师。

拜见蒙师的仪式又称发蒙礼，历来受到重视，一般都较为隆重。在江浙一带，发蒙礼必选择吉日举行。是日，要在中堂上摆列发蒙学童外婆家送的发菜、汤圆、猪肝、小鲤鱼等十味，分盛十碗，叫“十魁”，请蒙师的老学生前来与蒙童共食。食毕，发蒙学童即于红毡毯上向蒙师行跪拜礼。然后，蒙师手把手地教蒙童执笔描写已印好的“上大人”三字，写毕，蒙师在这三个字上加圈表示肯定，蒙童再行跪拜礼示谢，并且呈上拜师的礼物，以表恭敬。之后设宴款待蒙师，宴毕再按照礼节送蒙师出堂。

蒙师离开后，蒙童还要在家长的带领下，拜见长辈亲友，接受长辈馈赠的“发蒙钱”。外婆家所送的状元片、福寿糕等要分发给同学，所送纸做的魁星和状元则由蒙童收留。至此，整个发蒙礼才算结束。

拜师的礼俗反映了对授业解惑之老师的尊敬，是中华民族的优良传统之一。

八、家礼

儒家将修身、齐家作为治国、平天下的基础，家治则国治。《大学》云：“欲治其国者，先齐其家；欲齐其家者，先修其身……身修而后家齐，家齐而后国治，国治而后天下平。”《孟子》说：“天下之本在国，国之本在家，家之本在身。”而修身和齐家的工具就是礼。

旧时书香人家的大门上，往往写有“诗礼传家”四字，以标榜门风。诗礼传家，源自《论语·季氏》。陈亢问孔子的儿子孔鲤：“你是老师的儿子，一定得到过特殊的传授吧？”孔鲤回答，父亲对他的教育，其实同大家都一样。如果一定要说有单独的传授，那只有两次。有一天，孔子独自站在庭中，孔鲤从他面前走过。孔子问孔鲤：“学诗了吗？”孔鲤回答：“没有。”孔子说：“不学习诗，就不会说出有文采的话。”不久，孔子又站在庭中，孔鲤又从他面前走过。孔子就问：“学礼了吗？” 孔鲤说：“没有。”孔子说：“不学礼，就不能在社会上立足。”孔子所说的诗，是指我国最早的诗歌集《诗经》，里面收录的三百多首诗歌，思想纯正，情感真挚，富于文学色彩，古代有学问的人说话每每引用其中的诗句来表达自己的思想。要想立足于社会，光是说话有文彩还不够，还必须懂得什么事可以做，懂得什么事不可以做，懂得怎样约束自己的言行，懂得怎样尊重他人，这种符合道德要求的行为规范就是礼。由于孔子的提倡，历代文人学士都将诗和礼作为立身和传家之宝，一般民众也把“知书达礼”作为有知识、有教养的标准而希望子女不断努力。

《礼记·曲礼》对于子女言行的规定非常具体、细致。例如，子女外出，要做到“出必告，反必面”，也就是行前要把去向告诉父母，回家后一定要先面见父母，以免让父母牵挂；孩子的仪态，要求“幼子常视毋诳，童子不衣裘裳。立必正方，不倾听。长者与之提携，则两手奉长者之手”，也就是视线不可狂傲向天，不要穿皮衣，站立时要方正，不侧身歪头听人说话，如果长者拉着自己的手，则一定要用双手捧持长者之手，以示亲密和尊敬；跟随先生外出，要求“不越路而与人言。遭先生于道，趋而进，正立拱手”，也就是不可隔着马路大声与熟人打招呼，如果在路上遇见先生，要快步上前，正立拱手地见过先生；等等。

《礼记·曲礼》并非只有琐碎仪节，还提出许多宏观的理念和精神境界的要求，如卷首的“毋不敬，俨若思，安定辞”一语，实际上是提示全卷的思想性，强调一切礼仪必须出于诚敬。可见，儒家非常注重礼仪教育的思想高度，着意提升行礼者的内在德性。

由于《礼记》是中国古代士人必读的著作，所以《曲礼》等篇的内容作为礼仪常识流传千年，形成了我国民间的礼仪传统，对于国民素质的养成和提高有着十分深远和广泛的影响。

我的感悟

何为八拜之交

一、知音之交——俞伯牙和钟子期

春秋时期，楚国有个叫俞伯牙的人，精通音律，琴艺高超。但是，他总觉得自己还不能出神入化地表现对各种事物的感受。他的老师了解了他的想法之后，便带他乘船来到东海的蓬莱岛上。

在这里，俞伯牙抬头望大海，只见大海波涛汹涌。再回首望岛内，山林一片寂静，只有鸟儿在啼鸣，像在唱忧伤的歌。俞伯牙不禁触景生情，有感而发，仰天长叹，即兴弹了一首曲子，曲中充满了忧伤之情。从这时起，俞伯牙的琴艺大长。但是，无人能听懂他的音乐，他感到十分的孤独和寂寞，苦恼无比。

一天夜里，俞伯牙乘船游览。船行到一座高山旁时，突然下起了大雨，于是俞伯牙将船停在山边避雨。耳听淅沥的雨声，眼望雨打江面的生动景象，俞伯牙琴兴大发，即兴弹奏起来。俞伯牙正弹到兴头上，突然感到琴弦上有异样的颤抖，这是琴师的心灵感应，说明附近有人在听琴。俞伯牙走到船外，果然看见岸上树林边坐着一个打柴人，这个人就是钟子期。

俞伯牙把钟子期请到船上，说：“我为你弹一首曲子，好吗？”钟子期立即表示要洗耳恭听。俞伯牙即兴弹了一曲《高山》，钟子期赞叹道：“多么巍峨的高山啊！” 俞伯牙又弹了一曲《流水》，钟子期称赞道：“多么浩荡的江水啊！”俞伯牙又佩服又激动，对钟子期说：“这个世界上只有你才懂得我的心声，你真是我的知音啊！”

后来，钟子期早亡，俞伯牙得知后，在钟子期的坟前弹了平生最后一支曲子，然后尽断琴弦，终不复弹琴。

俞伯牙和钟子期的故事千古流传，《高山流水》的美妙乐曲至今还萦绕在人们的心底和耳边，而那种知音难觅、知己难寻的故事却世世代代上演着。

二、刎颈之交——廉颇和蔺相如

战国时期，蔺相如受赵王派遣，带着稀世珍宝和氏璧从邯郸出发出使秦国。他凭着智慧与勇气，完璧归赵，得到赵王的赏识，被封为上大夫。

后来，秦王又提出与赵王在渑池相会，想逼迫赵王屈服。蔺相如和廉颇将军力劝赵王出席，并设巧计，廉颇以勇猛善战给秦王以兵力上的压力，蔺相如凭三寸不烂之舌和对赵王的一片忠心使赵王免受屈辱，最终使赵王安全回到邯郸。赵王为了表彰蔺相如，就封他为上卿，比廉颇将军的官位还高。

这下，廉颇可不高兴了，他认为自己英勇善战，为赵国拼杀于前线，应该是第一大功臣，而蔺相如只凭一张嘴，居然官居自己之上。廉颇很不服气，就决心要好好羞辱蔺相如一番。

蔺相如听到这个消息，便处处回避与廉颇见面。到了上朝的日子，他就称病不出。有一次，蔺相如有事出门，在回车巷遇到廉颇。廉颇就命令手下用各种办法堵住蔺相如的路，最后蔺相如只好命令车夫回府。这下，廉颇就更得意了，到处宣扬这件事。

蔺相如的门客们听说了，纷纷提出要回家。蔺相如问为什么，他们说："我们为您做事，是因为敬仰您是个真正崇高的君子，可现在您居然对狂妄的廉颇忍气吞声，我们可受不了。" 蔺相如听了，哈哈一笑，问道："你们说是秦王厉害，还是廉颇将军厉害？我连秦王都不怕，又怎么怕廉颇将军呢？秦国现在不敢来侵犯赵国，是因为我和廉颇将军一文一武保护着赵国。作为赵王的左膀右臂，我又怎能因私人的小小恩怨而不顾国家的江山社稷呢？"

廉颇听说这番话后，非常惭愧，便袒胸露背地背着荆条向蔺相如请罪。从此，他们便成了同生死、共患难的好朋友，齐心为国效力。

三、胶漆之交——陈重和雷义

陈重和雷义，是东汉年间豫章郡（今江西省南昌市）两位品德高尚、舍己为人的君子。两人为至交密友，当时人们称颂道："胶漆自谓坚，不如雷与陈。"

陈重年轻时便与同郡的雷义结为至交。两人一起研读《鲁诗》《颜氏春秋》等经书，都是饱学之士。太守张云闻陈重之名，嘉许他的德才品行，举荐他为孝廉，陈重要把功名让给雷义，先后十余次向太守申请，张云没有批准。第二年，雷义也被选拔为孝廉。这时，两人便一起到郡府就职。

同事中有一小吏家遭变故，欠了很多外债而无力偿还，债主天天上门索讨，小吏跪求暂缓，仍无法通融，欲诉诸官府。陈重得知后，便私下替他还债。小吏感恩戴德，登门拜谢，陈重若无其事地说："这不是我做的，也许是与我同姓名的人代你偿还的吧！"

有一次，一个同事告假回乡，忙中穿错了别人的一条裤子回去。失主怀疑是陈重拿走的，陈重也不申辩，而是去买了一条新裤子赔偿给失主。直到回乡奔丧的同事归来，才真相大白。

雷义任郡府功曹时，举荐擢拔了很多德才兼备的人，却从不夸耀自己的功劳。他曾经救助过一个犯了死罪的人，使他减刑得以赡养一家老小。这个人为了感谢雷义的再造之恩，攒了两锭黄金送到雷家，以表寸心。无奈雷义坚决不接受。这个人没有办法，只好趁雷义不在家时，把金子放在雷家老屋的屋顶上。若干年后，雷义修葺房屋，翻开屋顶，才发现那两锭金子。但是送金子的人已过世，其妻小也不知流落何方，无法退还。雷义便将这两锭黄金交付县曹，充入官库。

后来，陈重与雷义两人同时官拜尚书郎。有一同僚因犯事当受处罚，雷义为他分担责任，向上司上书申辩，愿意自己独担罪责。同僚闻知，弃职进京自陈曲衷，请求为雷义赎罪。后顺帝下诏，两人皆免官，并免予刑事处分。于是，陈重也以身体有病为理由辞职，同雷义一同还乡。

雷义回乡后又被举荐为秀才，但他觉得自己的品德不如陈重，他要把这功名让给陈重，但是刺史不批准。于是，雷义就假装发狂，披头散发地在街上替陈重奔走呼吁，而不去应命就职。后来，三府同时征召两人，雷义被任命为太守，持节督察诸郡国的风俗教化。后来，雷义官拜侍御史，授南顿令，卒于任上。

而陈重最后官拜侍御史，也卒于任上。

四、鸡黍之交——范式和张劭

范式，字巨卿，山阳金乡（今山东省金乡县）人。

范式和汝南人张劭是朋友，两人同时在太学（朝廷最高学府）学习。后来，范式要回到乡里，他对张劭说："两年后我还会回来，到时候经过你家，可以拜见你的父母，见一见你的小孩。"于是，两人约定好日期。

两年后，约定的日期就要到了，张劭把事情详细地告诉了母亲，请母亲准备酒菜等待范式。张劭的母亲说："分别了两年，虽然约定了日期，但是远隔千里，你怎么就确信无疑呢？"张劭说："范式是一个守信的人，肯定不会违约的。"到了约定的日期，范式果然到了。

后来，张劭病了，病得非常严重，同郡人郅君章和殷子征日夜来探视他。张劭临终时，叹息说："遗憾的是没有见到我的生死之交。"殷子征说："我和郅君章都尽心和你交友，如果我们称不上是你的生死之交，谁还能算得上？"张劭说："你们两人是我的生之交，而山阳的范巨卿是我的死之交。"不久，张劭就病死了。

这一天，范式忽然梦见了张劭。在梦里，张劭带着黑色的帽子，穿着袍子，仓促地叫他："巨卿，我在某天死去，在某天埋葬，永远回到黄泉之下。你没有忘记我，怎么能不来？"范式恍然睡醒，悲叹落泪，于是穿着丧服，骑着马赶去。而张劭那边已经发丧了。到了坟穴，但是棺材就是不肯落下。张劭的母亲抚摸着棺材说："张劭啊，难道你还有愿望没有实现？"于是，张劭的母亲请大家停下来等待。没过一会儿，大家就看见远处有白车白马，有人号哭而来。张劭的母亲说："这一定是范巨卿。"范式到了之后，说："走了元伯，死生异路，从此永别。"参加葬礼的上千人都为之落泪。范式亲自拉着牵引棺材的大绳，棺材这才前进，并顺利落棺。葬礼之后，范式在坟墓旁住下，为张劭种植了坟树，然后才离开。

五、舍命之交——羊角哀和左伯桃

春秋时期，在楚国发生了一件两位贤士舍身成全知己的故事。故事中的主人公就是羊角哀和左伯桃。

羊角哀是春秋时期燕国人，幼年便父母双亡，流浪而艰辛的生活造就了他好学、自强、遇事有主张的性格。多年来，他走南闯北，周游列国，同时刻苦学习，博览群书，勤于思考，对事物有独到的见解。后来，他来到楚国的一处地方，当地秀丽的山川和风土人情使他流连忘返，他便在河边搭一间茅舍，开垦河滩，自耕自食。当时，楚文王很贤明，是一位有作为的君主，为了建立霸业，广招天下贤士，共商国是。羊角哀很仰慕楚文王，却没有贸然投奔。

西羌积石山（今甘肃省境内），有一位著名的贤士，名叫左伯桃，才华不凡。他听说楚文王广招天下贤士，于是一路风雨兼程，沿路乞讨来到楚国边界。一天傍晚，左伯桃又冷又饿，突然发现一间小茅屋，便上前借宿。这间茅屋的主人正是羊角哀。羊角哀十分热情地将左伯桃迎进房间，抱来干柴让他烤火取暖，又赶忙煮饭招待他。左伯桃万分感激遇到了一位好人。接着，他向羊角哀打听去郢都的路，并说明自己去郢都的目的。羊角哀见左伯桃有礼有节，知书达理，坦城地告诉左伯桃自己也是读书人，邀请左伯桃住一宿，也好与之讨教、切磋。

左伯桃见羊角哀待人诚恳，谈吐不俗，十分敬佩。是夜，两人谈古论今，十分投机，抵足而眠，相见恨晚，于是结拜为兄弟。

相处三日，雨雪暂停。左伯桃从交谈中发现羊角哀也有意投奔郢都，便劝羊角哀说："贤弟有安邦定国之才，何不出去干一番事业？终日厮守田园，埋没平生所学，多么可惜！现在楚文王广求贤士，你我何不去试一试，王贤则留，王昏则离，岂不很好？"一席话说到了羊角哀的心坎上。于是，他们一同向郢都进发。

走了不到两日，又碰上大风雪，左伯桃与羊角哀找了一间客店住下。住了几天之后，由于带的盘缠所剩无几，他们只好离开客店赶路。走了不久，突然又下起了鹅毛大雪，顿时风雪交加，寸步难行。他们衣衫单薄，干粮不多，离郢都还很远。左伯桃对羊角哀说："现在冻饿交加，路途尚远，不如贤弟带上干粮，穿上我的衣服，及时赶路。"羊角哀听了，急忙说不行。左伯桃又说："凭你的才能，你肯定能得到文王的重用，等你有了成就，再来收拾我的遗骨。"羊角哀无论如何也不答应，说道："我们情同手足，我怎能抛下你一个人前往呢？"左伯桃见说服不了羊角哀，只好又陪同羊角哀走了一段路程。这时，他们发现路旁有一棵朽空了的老桑树，树干的空洞可容下一人。左伯桃对羊角哀说，还是暂时躲避一下风雪，等风雪稍小了再赶路，说完抢先钻进了树洞，并让羊角哀去拣些树枝，以生火取暖。羊角哀以为左伯桃真的是受不住风寒，便赶忙去拣枯柴准备生火。可等他回来，却发现树洞前堆着左伯桃的一些衣服和干粮。原来，左伯桃让羊角哀捡树枝是假，想办法让他独自去郢都是真。这时，左伯桃已经被冻得说不出话来，气息奄奄了。羊角哀紧紧地拉着左伯桃，哭道："兄长为何这样？兄长如果死了，我又怎能偷生？"左伯桃微睁双眼，喘息道："我已经想好了，你千万不要再耽误了，赶紧穿上衣服，带好干粮，尽快赶到郢都，去实现你的抱负。"羊角哀跪在树洞前不肯离开。左伯桃坚定地说："如果我们一同冻死在路上，谁来给我们收尸骨？"过了两个时辰，左伯桃停止了呼吸。羊角哀痛哭一场之后，又找来一些树枝和石块将树洞掩盖好，穿上左伯桃留下的衣服，加紧赶路。

两天后，羊角哀拖着疲惫的身躯，克服重重困难，终于来到郢都。楚文王见到了羊角哀，与他讨论安邦定国的策略。羊角哀陈述了十条富国强兵的谋略，这些谋略都是楚文王欲称霸诸侯所急需实行的。羊角哀对楚文王提出的问题对答如流，让楚文王为之折服。楚文王立即封羊角哀为楚国的上大夫。

一天，羊角哀向楚文王奏明了左伯桃舍身为人的大义品行和高尚人格。楚文王被左伯桃的义举深深打动，追封左伯桃为楚大夫，并亲自陪羊角哀前去收殓左伯桃的尸骸。到了左伯桃义死的地方，他们发现冻僵在树洞里的尸体依然面色如生。

羊角哀抱着左伯桃的尸体哭得死去活来。等待丧事办毕，羊角哀觉得左伯桃为友情而死，而自己却享受荣华富贵，内心实在是不安，于是给楚文王写信，言明自己不愿接受高官厚禄的原因和对楚国发展的一些见解，然后自缢，以死报达知己义兄左伯桃。

六、生死之交——刘备、张飞和关羽

东汉末年，天下大乱。朝廷发布文告，下令招兵买马。榜文发到涿县，引出了三位英雄。

刘备，是汉朝中山靖王刘胜的后代。这一天，他边看榜文边长叹，忽听背后有人说："大丈夫不思为国出力，在这里叹什么气？"来人自报姓名

说："我叫张飞，靠卖酒、杀猪为生。"刘备说出自己姓名后，说："我想为国出力，又感到力量不够，故而长叹！"张飞说："这没什么可难的，我可以拿出我的家产来助你招兵买马，创建大业。"刘备听后非常高兴。二人来到一个小店，边喝酒边谈。正说得投机，门外突然来了一个红脸大汉，威风凛凛，相貌堂堂。刘备和张飞请他一同饮酒。交谈中得知，此人姓关名羽，因仗义除霸而有家不能归，已流落江湖好多年了。他们各自述说自己的志向，谈得十分投机。

张飞说："我家后院有一处桃园，这几天桃花开得十分旺盛。明天我们选一个好时辰，在桃园中祭告天地，结为兄弟。你们觉得怎么样？"刘备和关羽齐声说好。

第二天，在桃园中，刘备、关羽和张飞一起焚香祭拜，起誓结义。按照年龄次序，刘备为兄，关羽次之，张飞为弟。这就是著名的"桃园结义"。

三人结拜为兄弟之后，关羽和张飞一直尽心尽力地辅助刘备成就大业，即使在形势万分危急的时候，依然不避艰险。三人信守誓言，结为一体，祸福与共。后来，因为刘备战败，关羽被曹操俘虏。曹操有意拉拢关羽，便以极高的规格款待关羽。而关羽却一直"身在曹营心在汉"，一直挂念刘备。曹操派人去试探关羽的心思，关羽十分感慨地对来人说："我知道曹公待我不薄，心里也很感激。可是，我与刘备早已结拜，誓言同生共死，这是不可以违背的。"

而在之后的岁月中，关羽和张飞为辅佐刘备恢复汉室，出生入死，赴汤蹈火，在所不惜。

七、管鲍之交——管仲和鲍叔牙

春秋时期，齐国有一对好朋友，一个叫管仲，另外一个叫鲍叔牙。

管仲家里很穷，又要奉养母亲。鲍叔牙知道了，就找管仲一起投资做生意。做生意的时候，因为管仲没有钱，所以本钱几乎都是鲍叔牙拿出来的。可是，当赚了钱以后，管仲却拿的比鲍叔牙还多。鲍叔牙的仆人说："这个管仲真奇怪，本钱比我们主人少，分钱的时候却拿的比我们主人还多！"鲍叔牙对仆人说："不可以这么说！管仲家里穷，又要奉养母亲，多拿一点儿没有关系的。”

有一次，管仲和鲍叔牙一起去打仗。每次进攻的时候，管仲都躲在最后面。大家就骂管仲说：“管仲是一个贪生怕死的人！”鲍叔牙马上替管仲说话：“你们误会管仲了，他不是怕死，只是他得留着命去照顾老母亲呀！”管仲听到之后说：“生我的是父母，了解我的人可是鲍叔牙呀！”

后来，齐国的大王死掉了，公子诸成为齐王。诸每天吃喝玩乐不做事，鲍叔牙预感齐国一定会发生内乱，就带着公子小白逃到莒国，管仲则带着公子纠逃到鲁国。

不久之后，齐王诸被人杀死，齐国真的发生了内乱。管仲想杀掉公子小白，让公子纠能顺利成为齐王。可惜公子小白不但没有死，而且提前一步回到了齐国，成为齐王。公子小白决定封鲍叔牙为宰相。鲍叔牙却说：“管仲各方面都比我强，应该请他来当宰相！”公子小白说：“管仲要杀我，他是我的仇人，你居然让我请他来当宰相！”鲍叔牙却说：“这不能怪他，他是为了帮他的主人纠才这么做的呀！”小白听了鲍叔牙的话，请管仲回来当宰相，而管仲也真的帮小白把齐国治理得非常好！

八、忘年之交——孔融和祢衡

所谓忘年之交，即年龄辈分不相称而相知相交的好朋友。在我国历史上，不乏其例。例如，三国时期的孔融和祢衡，两人年龄相差悬殊，但两人亲如手足，引为知己。

祢衡，性格比较孤傲，但是才华横溢。在十五岁的时候，祢衡拜孔融为师。在孔融的悉心教导下，年轻的祢衡学习进步很快。因为他天资聪慧，下笔如有神，成就了很多佳作。当时有一个很有名的人与世长辞了，祢衡骑马前去参加丧礼。到了之后，他下了马，就马上挥笔撰写吊唁文章，很快就写成了。

又有一次，江夏太守黄射大宴宾客，有人奉上一只鹦鹉。黄射举起酒杯，邀请祢衡作诗一首。祢衡也不推脱，拿起笔来就写，写出了非常有名的《鹦鹉赋》。

祢衡意气风发，看不上一般的人。那时，陈群与司马朗都是很有名气的文士。有人曾问祢衡：“你怎么不向陈群、司马朗学习呢？”祢衡不屑地说：“你想让我跟从杀猪、卖酒的人吗？”又有人问：“当今天下，谁是最有学问的人？”祢衡回答：“大才有孔文举，小才有杨祖德。”杨祖德就是杨修，是当时十分有名的智者，而祢衡只将他看成小才，可见他的高傲。孔文举就是孔融，正是祢衡的老师和忘年交，祢衡将他视为大才，可见他对孔融的敬重。

因为非常欣赏祢衡的个性和才华，孔融曾多次向曹操推荐祢衡。曹操也想见他，但祢衡一向看不起、厌恶曹操，就自称患病，不肯前往，而且对曹操还多有狂言。曹操因此怀恨，但因为祢衡的才气和名声，又不想杀他。曹操听说祢衡擅长击鼓，就召他为鼓史，于是就大宴宾客，检阅鼓史们的鼓曲。各位鼓史都要脱掉原来的衣服，换上鼓史的专门服装。轮到祢衡上场，他竟然赤身击鼓，以美妙的鼓点敲出一曲，暗骂曹操。曹操只能尴尬地苦笑，对身边的人说：“我本欲羞辱祢衡，祢衡反而羞辱了我。”

祢衡不愿为曹操所用，被曹操送给荆州的刘表。天才的祢衡，其才华始终得不到施展，最后冤死在心胸狭隘的刘表部将黄祖的手中，其实是间接死于曹操的恶意。而他的老师和忘年交孔融，后来则直接被曹操所杀。

孔融和祢衡这对忘年好友，他们一生的遭遇，是东汉末年的一出悲剧。

我的感悟

古代礼仪小故事

一、曾子避席

“曾子避席”出自《孝经》，是一个非常著名的故事。曾子是孔子的弟子，有一次他在孔子身边侍坐，孔子就问他：“以前的圣贤之王有至高无上的德行，有精要奥妙的理论，用来教导天下之人，因此人们能和睦相处，君王和臣子之间也没有不满，你知道它们是什么吗？”曾子听了，明白孔子是要指点他最深刻的道理，于是立刻从坐着的席子上站起来，走到席子外面，恭恭敬敬地回答：“我不够聪明，哪里能知道？还请老师把这些道理教给我。”

在这里，“避席”是一种非常礼貌的行为，当曾子听到老师要向他传授知识时，他站起身来，走到席子外向老师请教，是为了表示他对老师的尊重。曾子懂礼貌的故事被后人传诵，很多人都向他学习。

二、程门立雪

杨时是北宋时一位很有才华的学者，中了进士后，他放弃做官，继续求学。

程颢、程颐兄弟俩是当时很有名望的大学问家，同是北宋理学的奠基人，俗称“二程”，其学说为后来的南宋朱熹所继承，世称程朱学派。杨时仰慕“二程”的学识，投奔洛阳程颢门下，拜师求学。4年后，程颢去世，杨时又继续拜程颐为师。这时他年已40，仍尊师如故，刻苦学习。一天，大雪纷飞，天寒地冻，杨时碰到疑难问题，便冒着凛冽的寒风，约同学一同前往老师家求教。当来到老师家，见老师坐在椅子上睡着了，他不忍打搅，怕影响老师休息，就静静地侍立门外等候。当老师一觉醒来时，他们脚下的积雪已一尺深了，身上落满了雪。老师忙把两人请进屋去，为他们讲学。后来，“程门立雪”成为广为流传的尊师故事。

三、张良拜师

张良是西汉高祖刘邦的军师，他的祖先是韩国人。在秦灭韩后，张良立志为韩国报仇。后来，他因刺杀秦始皇未遂，受到追捕而避居到下邳。

有一天，他到下邳桥上散步，碰到一个穿着粗布短衣的老人。老人走到张良旁边，故意把自己的鞋子掉到桥下，然后回过头来冲着张良说：“孩子！下桥去给我把鞋子拾上来！”张良听了一愣，很生气，但一看他是个老人，就强忍着怒气，到桥下把鞋子拾了上来。

那老人竟又命令说：“把鞋子给我穿上！”张良一想，既然已经给他拾来了鞋子，不如就给他穿上吧，于是就跪在地上给老人穿鞋子。

那老人把脚伸着，让张良给他穿好鞋子后，就笑嘻嘻地走了。张良一直用惊奇的目光注视着他的去向。那老人走了一段路，又折回来对张良说：“你这个孩子是能培养成才的。5天以后的早上，天一亮，就到这里来同我会面！”张良跪下来说：“是。”

第五天天刚亮，张良到了下邳桥上。不料那老人已经等在那里了，见了张良就生气地说：“和老人约会，怎么迟到了？第五天的早上再来相会！”说完，老人就离去了。

到第五天早上，鸡一叫，张良就赶去，可是那老人又等在那里了，见了张良又生气地说：“怎么又落在我后面了？过五天再早点儿来！”说完，老人又走了。

到第五天，张良半夜之前就赶到桥上，等了好久，那老人也来了。老人高兴地说：“这样才好。”然后，他拿出一本书来，说道：“认真研读这本书，你就能做帝王的老师了！过十年，天下形势有变，你就会发迹了。13年以后，你就会在济北郡谷城山下看到我。那里有一块黄石就是我了。”老人说完就走了。

早上天亮时，张良拿出那本书一看，原来是《太公兵法》，是辅佐周武王伐纣的姜太公的兵书！张良十分珍爱这本书，经常诵读，反复地学习、研究。

10年过去了，陈胜等人起兵反秦，张良也聚集了100多人响应。沛公刘邦率领了几千人马，在下邳的西面攻占了一些地方。张良就归附于刘邦，

成为刘邦的部属。从此，张良利用从《太公兵法》中学到的谋略经常向刘邦献计献策，后来成了刘邦运筹帷幄、决胜千里的军师。刘邦称帝后，封他为留侯。

张良始终不忘那个给他《太公兵法》的老人。后来，他随从刘邦经过济北时，果然在谷城山下看见一块黄石，并把它取回，称之为“黄石公”，作为珍宝供奉起来，按时祭奠。张良死后，其家人把这块黄石和他葬在一起。

四、千里送鹅毛

“千里送鹅毛”的故事发生在唐朝。当时，云南的一位少数民族的首领为表示对唐王朝的拥戴，派特使缅伯高向唐太宗贡献天鹅。

路过沔阳河时，好心的缅伯高把天鹅从笼子里放出来，想给它洗个澡。不料，天鹅展翅飞向高空。缅伯高忙伸手去捉，只扯得几根鹅毛。缅伯高急得顿足捶胸，号啕大哭。随从们劝他说：“天鹅已经飞走了，哭也没有用，还是想想补救的方法吧。”缅伯高一想，也只能如此了。

到了长安，缅伯高拜见唐太宗，并献上礼物。唐太宗见是一个精致的绸缎小包，便令人打开，一看是几根鹅毛和一首小诗。诗曰：“天鹅贡唐朝，山高路途遥。沔阳河失宝，倒地哭号啕。上复圣天子，可饶缅伯高。礼轻情意重，千里送鹅毛。”唐太宗莫名其妙，缅伯高随即讲出事情原委。唐太宗连声说：“难能可贵！难能可贵！千里送鹅毛，礼轻情意重！”

这个故事体现着送礼之人诚信的可贵美德。今天，人们用“千里送鹅毛”比喻送出的礼物单薄，但情意却异常浓厚。

五、杨香扼虎救亲

杨香是一个14岁的女孩。有一天，她跟着父亲杨丰到田间去收割庄稼。两人刚走到半路上，突然跃出一只大老虎，咬住杨香的父亲便往回跑。当时杨香手无寸铁，但她临危不惧，一心只想着救出被老虎拖走的父亲，而把自己的生死置之度外。她拼命奔上去，抓住老虎的脖子便往死里掐。起初，老虎用力反扑，可杨香硬不松手，老虎渐渐元气大泄，磨着牙齿，终于断了气。杨香的父亲也终于脱离了险境。

我的感悟

称呼礼仪

初见面之人问姓，曰贵姓，问名，曰台甫。自说姓，曰敝姓某，说名，曰草字某某。

有亲戚世交者，应各以其名分彼此相称。普通称人曰先生或某兄，自称曰弟。老者长者，称曰老先生，自称曰后学，或称自名。

称人之父曰令尊，母曰令堂。向人称自父母，曰家严，曰家慈。见朋友之父称老伯，母称伯母，自称晚或侄。

称人之兄弟，曰令兄，曰令弟。向人称自兄弟，曰家兄舍弟。称人之姐妹，曰令姐令妹。向人称自姐妹，曰家姐舍妹。见人之兄弟，称几先生，或几兄，自称小弟。见人之姐妹，统称几姐，称自曰小弟。

称人之妻曰令正或尊夫人，向人称自妻曰拙荆或贱内。见人之妻称嫂，自称己名。

女子称人之夫曰尊府某先生，向人称自夫曰外子。见人之夫称某先生，自以避免称呼为佳，如必要时，只称本人即可。

称人之子曰令郎或公子，称人女曰令爱或女公子。向人称自子曰小儿，女曰小女。

称人或称自之已故上辈，统加一先字。如称人之故父母，曰令先尊、令太夫人；称自之故父母，曰先严、先慈之类。

称人之岳父、岳母曰令岳、令岳母。向人称岳父、岳母曰家岳、家岳母。见人之岳父母，自称谓仿前。

称人之亲友曰令亲、贵友。向人称自亲友曰舍亲、敝友。

称人之师曰令师，生曰令高足。向人称自师曰敝业师，称自生曰敝徒。自称师曰夫子或吾师。称自曰受业，或曰门生。

我的感悟

家居用餐礼仪

中国人用餐自古就是非常讲究文明礼貌的，我们不仅在参加宴会、酒会时需注意用餐礼仪，日常在家里吃饭也要讲究礼仪。

如果和长辈一起用餐，应先让长辈动碗筷用餐，而不能抢在长辈的前面。

用碗吃饭时，要用手端起碗，大拇指扣住碗口，食指、中指、无名指扣住碗底，手心空着。不能伏在桌子上对着碗吃饭，这样不但吃相不雅，而且压迫胃部，影响消化。

夹菜的顺序与礼仪。夹菜时，应从盘子靠近或面对自己的盘边夹起，不要从盘子中间或靠别人的一边夹起，更不能用筷子在菜盘子里翻来覆去地“寻寻觅觅”，眼睛也不要老盯着菜盘子，一次夹菜也不宜太多。遇到自己爱吃的菜，不可如风卷残云一般地猛吃一气，更不能干脆把盘子端到自己跟前大吃特吃，要顾及同桌的父母和兄弟姐妹。如果盘中的菜已不多，你又想把它“打扫”干净，应征询一下同桌人的意见，别人都表示不吃了，你才可以把它吃光。

用餐的动作要文雅一些。夹菜时，不要碰到邻座，不要把盘里的菜拨到桌子上，不要把汤泼翻，不要将菜汤滴到桌子上。嘴角沾有饭粒，要用餐纸或餐巾轻轻抹去，不要用舌头去舔。咀嚼饭菜，嘴里不要发出声音。口含食物时，最好不要与别人交谈。开玩笑要有节制，以免口中食物喷出来，或者呛入气管，造成危险。确需要与家人谈话时，应轻声细语。

在吃饭过程中，如需添饭，应尽量自己添饭，并应该主动给长辈添饭、夹菜。遇到长辈给自己添饭、夹菜时，要道谢。

吃饭时要精神集中，有些人喜欢在吃饭时看电视或看书报，这是不良的习惯，既不卫生，又影响食物的消化、吸收，还会损伤视力。

吃饭过程中，吐出的骨头、鱼刺、菜渣等，要用筷子或手取出来，放在自己面前的桌子上，不能直接吐到桌面上或地面上。如果要咳嗽或打喷嚏，要用手或手帕捂住嘴，并把头向后方转。吃饭嚼到沙粒或嗓子里有痰时，要离开餐桌去吐掉。

吃饭时要闭嘴咀嚼，细嚼慢咽，这不仅有利于消化，也是餐桌上的礼仪要求。绝不能张开大嘴，大块往嘴里塞，狼吞虎咽。更不能在夹起饭菜时，伸长脖子，张开大嘴，伸着舌头用嘴去接菜。

我的感悟

待客礼仪

良好的待客之礼，能体现出主人的热情和殷勤。它既使客人感到亲切、自然，也会使自己显得有礼、有情。

一、让座与介绍

如果是长者、上级或平辈，应请其坐上座，主人坐在一旁陪同。如果是晚辈或下属，则请随便坐。

如果客人是第一次来访，主人应该给家人介绍一下，并互致问候。然后沏茶，或拿出水果、小吃等招待客人。如果请客人吃东西，应问客人是否要洗手。如果请客人吃西瓜，应准备好放瓜子、瓜皮的盘子和毛巾。

二、敬茶

在家庭待客中，为客人敬茶是待客的重要内容。待客坐定，应尽量在客人视线之内把茶杯洗净。即使是平时备用的洁净茶杯，也要再用开水烫洗一下，使客人觉得你很注意卫生，避免客人因茶杯不洁而不愿饮用的尴尬局面。

要用开水泡茶，如没有开水，应立即烧少量开水以应急需，并要对客人打声招呼，请客人稍等片刻。

茶杯要轻放，不要莽撞，以免茶水泼洒出来，弄得茶几上湿漉漉的，影响会客气氛。

端茶应双手给客人端茶。对有杯耳的杯子，通常是用一只手抓住杯耳，另一只手托住杯底，把茶水送给客人，随之说声“请您用茶”或“请喝茶”。切忌用五指捏住杯口边缘往客人面前送，这样敬茶既不卫生，也不礼貌。

斟茶动作要轻，要缓和。同时，注意不要一次性斟得太满。如凉茶较多，应倒去一些再斟上。斟茶应适时，客人谈兴正浓时，莫频频斟茶。客人停留时间较长时，茶水过淡，要重新添加茶叶冲泡，重泡时最好用同一种茶叶，不要随意更换品种。

三、谈话

谈话是待客过程中的一项重要内容，是关系到接待是否成功的重要一环。第一，谈话要紧扣主题。拜访者和接待者双方的会谈是有目的的，因此谈话要围绕主题，不要偏离主题。如果是朋友之间的交流，要找双方都感兴趣的事情谈，不要只谈自己的事情或自己关心的问题，更不要不顾对方是否愿听或冷落对方。第二，要注意谈话的态度和语气。谈话时要尊重他人，不要恶语伤人，不要强词夺理，语气要温和适中，不要以势压人。第三，会谈时要认真听别人讲话，不要东张西望地表现出不耐烦的表情，应适时地以点头或微笑做出反应，不要随便插话。要等别人谈完后再谈自己的看法和观点，不可只听不谈，否则，也是对别人不尊重的一种表现。第四，谈话时要注意坐的姿势。第五，不要频繁看表、打哈欠，以免对方误解你在逐客。

四、陪访

陪访是接待过程中一种常见的礼仪。在陪同客人参观、访问、游览时，要注意以下几方面。首先，要在接待计划中事先安排，提前熟悉情况，以便向客人做详细的介绍。其次，要遵守时间，衣冠整洁，安排好交通事宜。再次，陪同时要热情、主动，掌握分寸。

我的感悟

敬茶礼仪

我国历来就有客来敬茶的民俗。早在3000多年前的周朝，茶已被奉为礼品与贡品。到两晋、南北朝时，客来敬茶已经成为人际交往的社交礼仪。唐代颜真卿《春夜啜茶联句》中有“泛花邀坐客，代饮引清言”之句。唐代刘贞亮赞美“茶有十德”，认为饮茶除了可健身外，还能“以茶表敬意”“以茶可雅心”“以茶可行道”。

当今社会，客来敬茶更成为人们日常社交和家庭生活中普遍的往来礼仪。俗话说：酒满茶半。奉茶时应注意：茶不要太满，以八分满为宜。水不宜太烫，以免客人不小心被烫伤。有两位以上的访客时，用茶盘端出的茶茶色要均匀，并要左手捧着茶盘底部，右手扶着茶盘的边缘。如有茶点，应放在客人的右前方，茶杯应摆在点心右边。上茶时应以右手端茶，从客人的右方奉上，并面带微笑，眼睛注视对方。

以咖啡或红茶待客时，杯耳和茶匙的握柄要朝着客人的右边，此外要替每位客人准备一包砂糖和奶精，将其放在杯子旁或小碟上，以方便客人自行取用。

当然，喝茶的客人也要以礼还礼，双手接过，点头致谢。品茶时，讲究小口品饮，一苦二甘三回味，其妙趣在于意会而不可言传。另外，可适当称赞主人茶好。壶中茶叶可反复浸泡3至4次，客人杯中茶饮尽，主人可为其续茶，客人散去后，方可收茶。

总之，敬茶是我国礼仪中待客的一种日常礼节，也是社会交往的一项内容，不仅是对客人、朋友的尊重，而且能体现自己的修养。

我的感悟

人际交往中的空间距离

人与人之间有着看不见但实际存在的界限，这就是个人领域的意识。因此根据空间距离的不同，可以推断出人们之间的交往关系。一般说来，交际中的空间距离可以分为以下四种。

1. 亲密距离

亲密距离在45厘米以内，属于私下情境，多用于父母与子女之间或知心朋友间。两位成年男子一般不采用此距离，但两位女性知己间往往喜欢以这种距离交往。亲密距离属于很敏感的领域，交往时要特别注意不能轻易采用这种距离。

2. 私人距离

私人距离一般在45～120厘米之间，表现为伸手可以握到对方的手，但不易接触到对方身体，这一距离对讨论个人问题是很合适的，一般的朋友交谈多采用这一距离。

3. 社交距离

社交距离大约在120～360厘米之间，属于礼节上较为正式的交往关系。人们在一般的工作场合多采用这种距离交谈。在小型招待会上，与没有过多交往的人打招呼时也可采用此距离。

4. 公共距离

公共距离指大于360厘米的空间距离，一般适用于演讲者与听众、彼此极为生硬的交谈及非正式的场合。在商务活动中，根据活动的对象和目的，选择和保持合适的距离是极为重要的。

我的感悟

做客礼仪

一、注意举止

进门前先轻声敲门或按门铃，等到主人招呼进门后方可入内。进门后，向主人及其在场家人问好，如有其他客人在场，也应问好。

做客时，要约束自己的举止，未经许可，不应四处走动或东张西望。在别人办公室未经许可翻动物品也是不礼貌的行为。除非是主人提供给你的或者报刊架上的报刊，否则即使放在桌上的报刊，也应先征求意见，得到允许后再翻看。

当主人奉茶时，应立即欠身双手相接，并致谢。如果茶水太烫，要等晾凉了再喝，必要时也可以把杯盖揭开，不要一边吹一边喝。把杯盖放到茶几上的时候，盖口朝上。喝茶时要慢慢品饮，不宜啜出声音。

与主人交谈时，可以对主人的家庭状况做一般了解，但不可盘问细节。如有要事商谈，尽快进入正题。交谈过程中，注意倾听，不可独自滔滔不绝。

二、掌握时间，适时告辞

拜访前应预约时间。如确需临时造访或推迟拜访，应征得主人同意并表示歉意。在时间选择上，应尽量避开用餐时间。

适时告辞。如果已经约好见面的时间段，那么到点就应该告辞。双方事先没有约定见面时间段，一般以一小时左右为限。当双方谈完事情，就应及时起身告辞。到了休息时间，毫无疑问也应告辞。除非你想请对方吃饭，或者对方请你吃饭，否则快到用餐时间应起身告辞。当有其他人来访时也应尽快告辞。

有一些主观情况发生时，拜访者也要及时“知趣”而退，如当主人表现出非常疲倦的样子；双方话不投机，或当你说话的时候，主人反应冷淡，甚至不愿答理；主人站起身来，或是把你们的谈话总结了一下，并说出以后可以再继续交流的话；主人虽然显得很“认真”，但反复看手表或时钟。

三、其他注意事项

准备告辞的时候，应选择在自己说完一段话之后，而不是主人或其他人说完一段话之后。同时，告辞前不应有打哈欠、伸懒腰等举止。

提出告辞时，主人往往会说上几句“再坐坐”之类的客套话，那往往也只是纯粹的礼节性客套。所以如果没有非说不可的话，就要毫不犹豫地起身告辞。

告别前，应该对主人的友好、热情等给予适当的肯定，并说一些“打扰了”“添麻烦了”“谢谢了”之类的客套话。起身告退的时候，如果还有其他客人，即使不熟悉，也要遵守“前客让后客”的原则，礼貌地打招呼。

如欲带其他人一同前去拜访，应事先说明，征得主人同意。进入主人住处后，应跟在主人身后走动，在指定座位落座，不可探头探脑甚至长驱直入。如欲参观，应在主人引导下进行。未经主人邀请或许可，不得进入卧室。

我的感悟

西餐礼仪

随着人们生活方式的更新和社会交往的增多，在中国吃西餐的机会越来越多。西餐源远流长，又十分注重礼仪，讲究规矩，所以了解一些西餐方面的礼仪知识是十分重要的。

一、座位的排列

西餐的座位比较讲究礼仪，非正式宴会座位遵守女士优先的原则，即男士主动为女士移动椅子让女士坐下，坐右座，靠墙靠里。不管正式宴会还是非正式宴会，入座或离座均应从座椅的左侧走为宜（当然左侧入座不方便时，也可以从右侧入座）。正式宴会有国际惯例为依据，桌次的高低以距离主桌位置的远近而定，右高左低，桌次较多时一般摆放桌次牌。吃西餐均使用长桌，同一桌上座位的高低以距离主人座位的远近而定。

西方习俗是男女交叉安排座位，以女主人的座位为准，主宾坐在女主人的右上方，主宾夫人坐在男主人的右上方。在我国则依据传统，照例主宾坐在男主人的右上方，主宾夫人坐在女主人的右上方。不管是参加中式宴会还是西式宴会，都要找准自己的位置，不可贸然入座。

二、餐具的用法

西餐宴席上使用的餐具主要是刀、叉、匙、盘、杯等，其中刀、叉、匙是基本上必定会用到的。

刀叉持法。用刀时，应将刀柄的尾端置于手掌之中，以拇指抵住刀柄的一侧，食指按在刀柄上，但需注意食指绝不能触及刀背，其余三指则顺势弯曲，握住刀柄。叉如果不是与刀并用，叉齿应该向上。持叉时应尽可能持住叉柄的末端，食指按在柄上。叉可以单独用于叉餐或取食，也可以用于取食

某些头道菜和馅饼，还可以用于取食那种无需切割的主菜。

刀叉的使用。右手持刀，左手持叉，先用叉子把食物按住，然后用刀切成小块，再用叉送入嘴内。欧洲人使用时不换手，即从切割到送食物入口均以左手持叉。美国人则切割后，将刀放下换右手持叉送食入口。

刀叉并用时，持叉姿势与持刀相似，但叉齿应该向下。通常刀叉并用是在取食主菜的时候，但若无需用刀切割时，则可用叉切割，这两种方法都是正确的。

匙的用法。持匙用右手，持法同持叉，但手指务必持在匙柄之端，除喝汤外，不用匙取食其他食物。

餐巾用法。进餐时，大餐巾可折起（一般对折）并将折口向外平铺在腿上，小餐巾可展开直接铺在腿上。注意不可将餐巾挂在胸前（但在空间不大的地方，如飞机上可以如此）。拭嘴时需用餐巾的上端，并用其内侧来擦嘴。绝不可用餐巾来擦脸部，或擦刀叉、碗碟等。

三、用餐方法

喝汤时，先用汤匙由后往前将汤舀起，汤匙的底部放在下唇的位置将汤送入口中。汤匙与嘴部呈45°角较好。身体的上半部略微前倾。碗中的汤剩下不多时，可用手指将碗略微抬高。如果汤是用有握环的碗装盛的，可直接拿住握环端起来喝。

吃面包时，先用两手将面包撕成小块，再用左手拿来吃。吃硬面包时，用手撕不但费力，而且面包屑会掉得满地都是，此时可用刀先将面包切成两半，再用手撕成块来吃。切时可用手将面包固定，避免发出声响。

吃鱼时，大多去了鱼骨，便于就餐，因此餐厅常不备餐刀而备专用的汤匙。这种汤匙比一般喝汤用的汤匙稍大，不但可切分菜肴，而且能将调味汁一起舀起来吃。

吃梨和苹果时，不要整个拿着咬，应先用水果刀切成四瓣或六瓣，再用刀去掉皮和核，然后用手拿着吃。削皮时应刀口朝内，从外往里削。香蕉先剥皮，用刀切成小块吃。橙子用刀切成块吃，桔子、荔枝、龙眼等水果剥了皮吃。其余如西瓜、菠萝等，通常都去皮切成块，吃时可用水果刀切成小块，然后用叉取食。

在宴席上，上鸡、龙虾、水果时，有时送上一小水盂（铜盆、瓷碗或水晶玻璃缸），水上飘有玫瑰花瓣或柠檬片，是供洗手用的。洗时，两手轮流蘸湿指头，轻轻涮洗，然后用餐巾或小毛巾擦干。

如果吃到一半想放下刀叉略事休息，应把刀叉以八字形状摆在盘子中央。若刀叉突出到盘子外面，不安全也不好看。边说话边挥舞刀叉是失礼举动。

四、其他礼仪

参加正式的西餐宴会，一定要注意服饰、仪容仪表，用餐姿势要优美大方，坐姿端庄稳重，腰背挺直，手放在膝盖上，不要把胳膊支在桌子上，不能随便脱上衣、松领带或挽袖子。

吃西餐时，不能拒绝对方的敬酒，即使自己不会喝酒，也要端起酒杯回敬对方，否则是一种不礼貌的行为。而饮酒时忌讳一饮而尽，文雅的饮酒是品评酒的色香味，慢慢品味。在西餐宴席上，往往是敬酒而不劝酒，即使劝酒也是点到为止。

我的感悟

图书馆礼仪

1. 斯文着装。进入图书馆着装要斯文，不能穿太运动、太简陋或太时尚的服装。

2. 讲求个人卫生。身上、头上、口腔内、脚上不应有不良味道。在阅读室内打喷嚏、打嗝、咳嗽、打哈欠时都要有节制，应事先道歉，捂上嘴转身再进行。

3. 先来后到。要求服务如借书、还书、登记、阅读、复印，以及上、下电梯时要遵守先来后到的秩序。

4. 不给他人占位。图书室里人多，结伴阅读的早来者不应该给晚来的人占座位。不要长时间地站在阅读室书架前阅读，以免影响他人查寻。

5. 善待图书。在查阅书籍时，不可将书籍撕坏、撕掉、折角，或用笔在书上涂抹。翻页时，不要用手指蘸唾液。用完了的图书、报纸、杂志，如清楚地知道放在哪里，应尽量放回原处，不清楚也不要乱放。如果有需要的资料，可到复印部去复印，不能将资料撕下来，甚至私自带走整本书。

6. 在图书馆或阅览室内应保持安静。走动时脚步要轻，谈话声音要压低，不要大声闲聊，带手机者应调到震动档以免影响他人阅读。

7. 图书馆里的吃饭和休息问题。在图书馆里不要吃容易咀嚼出声或带壳的食物。如果自备午餐，也要到休息室而不要在阅览室里边吃边看。休息室的椅子可以小憩，但不要躺下休息。

8. 好借好还。借书要遵循借书程序如期归还。

9. 保持卫生。不乱扔废纸、垃圾、笔屑和吃剩的食品。

我的感悟

行路礼仪

一个人在日常工作、学习和社会生活中，离不开乘车走路。在这平常的走路中，同样包含着一系列的礼仪要求，同样需要注意公德礼仪，遵守交通规范。

1. 要遵守行路规则，步行要走人行道，不走非机动车道和机动车道。过马路要走人行横道，如果是路口，一定要等绿灯亮了，再看两边没有车时才通过。

2. 行人之间要互相礼让。马路上车水马龙，人来人往，比肩接踵，因此要提倡相互礼让。遇到老、弱、病、残、孕等需要帮助的人，要照顾他们。在人群特别拥挤的地方，要有秩序地通过，万一不小心撞了别人或踩着别人的脚，要主动道歉。如果是别人踩了自己的脚或碰掉了自己的东西，应表现出良好的修养和自制力，切不可口出恶言、厉声责备。

3. 走路遇到熟人，应主动打招呼或进行问候，不能视而不见，把头扭向一边，擦肩而过。如果在路上碰到久别重逢的朋友，想多交谈一会儿，应靠边站立，不要站在路当中或拥挤的地方，以免妨碍交通，增加不安全因素。

4. 走路时要目光直视，不要左顾右盼，东张西望。

5. 走路的姿势是个人精神风貌的体现，因此我们要时时留意自己的走路姿势。正确的走姿是挺胸抬头，不驼背含胸，不乱晃肩膀。

6. 走路时不要边走边吃东西，这既不卫生，又不雅观。如确实是肚子饿了，可以停下来，在路边找个适当的地方，吃完后再赶路。走路时要注意爱护环境卫生，不要随地吐痰，不要随手抛弃脏物。

7. 保持适当距离。行路时应与他人保持适当距离，过于接近他人（伸手可及、抬腿可及），易造成他人紧张和不自在，易产生误会。

我的感悟

问路和接受问路礼仪

向他人问路时，宜主动到距对方适当的距离内，根据对方的年龄、性别等特征恰当地予以尊称，并对打扰对方表示歉意，然后清晰简明地说明自己的意图。得到答复后，应表示谢意。如对方表示不清楚或不确定，也应表示谢意，并转问他人，不可纠缠不已。

接受他人问路时，应注意倾听对方请求，指明交通线路或需乘坐的交通工具；如口头表达不清，可征得对方同意后带路。自己不清楚或不确定的，应致歉意，并代为请其他人予以帮助。

不可把他人招呼到自己跟前问路，不可对他人的问路不理不睬，不可漫不经心随意指路，更不可指错路。

我的感悟

打电话礼仪

一、选择恰当的时间

拨打电话应选择对方比较方便的时间，休息时间、用餐时间和节假日一般不宜打电话，更不宜打谈公务的电话。用餐时间前半个小时，如果你不准备请人家吃饭，不宜打电话。给海外人士打电话，应先了解时差。

二、说话应当简明扼要

通话前应当充分准备，通话时应适当问候对方，自报家门，按准备好的内容简要说明，适可而止，宁短勿长。

三、声音适当，吐字清晰，语速均匀

声音太高则震耳，声音太低则对方难以听清，要根据当时的环境调整声音的高低。说话要准确清晰，语速均匀。

四、注意打电话的举止和环境

在接、打电话时，不要以为对方看不见，就一边挖着鼻孔一边接打。更不要在厕所里接、打电话，如果必须接电话，要最大限度地简短，不要长篇大论。在餐桌上不宜接、打电话，如果必须接时，要离开餐桌，或者转到一边，不可对着菜盘子大呼小叫。在人多的地方接、打电话，不宜大声喧哗。

五、及时接电话和回电话

一般在铃声响三遍之内接听电话。如果说话不方便，应当告知对方过一会儿打过去，或者和对方约定几时再打过来。如果发现存在未接听的电话，一般要主动回话。当然，陌生的电话不在此列。

我的感悟

骑自行车的礼仪

1. 让行人先行，礼让行人，不越线，不抢行。

2. 在进入有值班人员的大门的时候，应当下车，然后推车行进，表示尊重。

3. 自觉按照道路交通规则行驶，注意交通信号和交通标志。通过交叉路口时不抢红灯。

4. 拐弯的时候应做手势提醒他人注意。

5. 当在机动车专用的道路或者人行道路上行驶时，不要勾肩搭背、互相追逐。在市区人多的地方骑车时应当慢行，杜绝危险行为。

6. 超越前边的自行车时要响铃警醒。超越前面骑车者时，不要从他人的右手边超越。

7. 在人群中骑行时尽量不接触他人身体。

8. 骑自行车要严格遵守交通规则，听从警察指挥。

9. 在快慢车道隔离或有标志分开的马路上骑车，要在慢行道上鱼贯而行；在快慢车道没有隔离的马路上骑车要尽量靠右边行驶，不抢行快车道，不追逐机动车。

10. 较多的人一起骑车时，要前后循序行进，不要成群结队地在马路上骑车追逐；也不要好几辆车并排行驶，说说笑笑，甚至扶肩搭背，阻挡后面车辆的去路。

11. 在马路上骑车既要瞻前又要顾后。下车时要先做手势，慢行靠边下车。除了确有紧急情况外，不要随便急刹车。

12. 下车办事，要将自行车停放到指定的地方，不要随意在马路上停放。

13. 要注意看路口的交通标志。有的道路是单行路，就不要逆行。有的道路不准非机动车行驶，有的道路在规定时间内是游览区或步行街，要绕道走别的路。

我的感悟

乘电梯礼仪

遵循先来后到的原则。电梯内如果比较拥挤，先到的人就要往里走，直到所有的人都进来后再想办法向外移动。在电梯内不是很拥挤的情况下，男士、晚辈、下属和身体强壮者应让女士、长辈、上司和老弱病残者先进入电梯。

帮助后来的人。如电梯的门即将关上，但还有人没进来，先进入电梯的人应帮助他人将门停住，等后面的人进来。为了自己赶时间，明明看到有人赶过来还要按“关门”按钮而把后面的人关在外面，是非常不礼貌的行为。

不要挡住电梯按钮。进入电梯后，不要用自己的身体将电梯按钮挡住，以免其他人无法按按钮。需要按按钮但又够不着时，不要将胳膊伸得太长，而应请离按钮近的人帮忙。电梯内无专职人员操作时，靠近按钮的人应负责帮助他人操纵电梯。

在电梯内挪动时注意不要碰撞他人。挪动时，特别是手里有东西的时候，注意不要碰撞他人。进出电梯需要从别人身边走过而可能会碰到他人时，或不小心已碰到他人，请说一声“劳驾”或“对不起”。

在电梯里不要大声讲话。

我的感悟

乘公交车礼仪

一、候车时的文明礼仪

1. 候车时要在站台或指定地点等候车辆，不要站在车道上候车。

2. 排队候车，按先后顺序上车，不要拥挤。

二、上、下车的文明礼仪

1. 等车辆停稳后，依序上、下车，不要争先恐后。

2. 遇到太拥挤的车辆，不要强行上车，容易发生危险。

3. 上、下车时，先下后上，不要争抢。

4. 上、下车要礼让，不乱跑，不乱跳。

5. 扶助老弱妇孺、残障者先上车。

6. 下车后，不要从车前或车后穿越道路，等车开走后，才可通过。

三、车内文明礼仪

1. 上车后尽量往里走，不要站在车门口。

2. 乘客乘车应文明礼貌，主动给老、弱、病、残、孕及抱婴者让座。

3. 上车后应当注意乘车安全，妥善保管好所带财物，不要把头、手、胳膊伸出窗外。

4. 乘客应遵守公共道德，不要在车内嬉戏、大声喧哗，车厢内禁止吸烟，不得随地吐痰，不得乱扔果皮、纸屑等杂物，不得兜售商品和散发广告。

5. 在车厢内不要和驾驶员闲谈及妨碍驾驶员正常操作。

6. 不要为同伴预占座位。

我的感悟

乘坐火车礼仪

进入车厢要有次序，不要拥挤、插队，更不要从车窗上车。进入车厢后应将行李放在行李架上，不要放在过道上或小桌上。

保持安静，尤其是团队出游，不要只顾自己大声说笑而让别人不快。在其他旅客已经休息时，不要大声喧哗，如需交谈，可以到列车两边的洗手池旁轻声交谈。

如果买的是火车卧铺的上铺票或中铺票，则不要长时间占用下铺床位。需要坐下铺床位时，应先征得对方同意，并道谢。上、下床时，要脱鞋，以免把下铺的床位弄脏。

在座席车上休息，不要东倒西歪，不要卧倒于座席上或茶几上，更不要靠在别人身上，或把脚放到对面的座席上。

同行者的票位如果不相邻，要等别人坐好后，再和相应的乘客商量调换。如果对方同意了，要表示感谢；如果对方不同意，也不要勉强。

在火车上使用卫生间时，切忌随手乱扔废纸。

我的感悟

乘坐出租车礼仪

路边招停，以不影响公共交通为宜。

上车时，年长者或女士先上；下车时，年轻者或男士先下。

保持车内卫生，不往车外吐痰、扔杂物，应将痰吐在纸巾里，下车时随其他杂物随身带走。

我的感悟

乘坐飞机礼仪

1. 按时登机，对号入座。进入机舱后保持安静。

2. 不将超大行李和有异味的物品带上飞机。尽快放好随身行李，保持通道畅通。

3. 登机后主动关闭手机等无线电设备。

4. 不乱动飞机上的安全用品及设施。需要找乘务员时，可以按呼唤铃，不宜大声喊叫。接受乘务员服务应致谢。

5. 在飞机上进餐时，应主动将座椅椅背调至正常位置，以免影响后排乘客进餐。

6. 保持舱内整洁卫生，因晕机呕吐时，应使用机上专用呕吐袋。飞行过程中不要脱下鞋子，以免异味影响他人；如果是长途飞行，脱下鞋后应在外面再罩上护袜。

7. 机上读物阅后应整齐放回原位。

8. 飞机未停稳时不抢先打开行李舱取行李，以免行李摔落伤人。

9. 上、下飞机时，对乘务员的迎送问候有所回应。

我的感悟

全国青少年网络文明公约

要善于网上学习，不浏览不良信息。

要诚实友好交流，不辱骂欺诈他人。

要增强自护意识，不随意约会网友。

要维护网络安全，不破坏网络秩序。

要有益身心健康，不沉溺虚拟时空。

我的感悟

中国公民出境旅游文明行为指南

中国公民，出境旅游，注重礼仪，保持尊严。

讲究卫生，爱护环境；衣着得体，请勿喧哗。

尊老爱幼，助人为乐；女士优先，礼貌谦让。

出行办事，遵守时间；排队有序，不越黄线。

文明住宿，不损用品；安静用餐，请勿浪费。

健康娱乐，有益身心；赌博色情，坚决拒绝。

参观旅游，遵守规定；习俗禁忌，切勿冒犯。

遇有疑难，咨询领馆；文明出行，一路平安。

我的感悟

洗手间的礼仪

一、洗手间的标志

国际上最通用的洗手间标志是“W.C”。另外，常用的标志还有Toilet（盥洗室），Lavatory（厕所），Washroom（洗手间），Rest Room（休息室），Bathroom（浴室）和Comfort Station（休息室）。男洗手间的标志有Men's Room，Gentlemen，Gent's，Men。女洗手间的标志有Ladies' Room，Women，Powder Room（化妆室）等。

洗手间除文字外，还有图画标志。男、女洗手间通常分别以男人和女人的头像为标志。此外，女洗手间的标志还有裙子、皮包、丝巾、高跟鞋、女士头像等，男洗手间的标志还有帽子、烟斗、长裤、领带、男士头像等。如以颜色区别的话，红色的为女士洗手间，蓝色的为男士洗手间。

二、洗手间的使用

在火车、飞机和轮船上，洗手间是男女共用的。使用前应先看清门上显示的是有人还是没人，不要贸然进去。出入洗手间时不要用力过猛，将门拉得大开或者撞得直响。在洗手间里的时间不应太长，使用洗手间时应自觉保持洗手间的清洁卫生，不应在洗手间里信笔涂鸦。使用洗手间后一定要主动放水及时冲洗，并关好水龙头；纸屑应扔进纸篓；不要在洗手间内乱扔其他东西；注意保持洗脸池的清洁，不留脏水和污物。不要随手拿走洗手间里备用的手纸。

走出洗手间之前，应把衣饰整理好。一边系着裤扣或者整理着衣裙，一边往外走，会显得很不雅观。

我的感悟

二桥中学学生一日常规行为规范条例

为了规范学生的日常行为，培养学生的良好习惯，特制定《二桥中学学生一日常规行为规范条例》。自颁布之日起，学生必须自觉遵照执行。

1. 进、出校门必须穿校服或佩戴学生校卡，无证学生不得进入，不得转借学生校卡。骑车到校门前主动下车，推车进出校门，把车按指定地点存放整齐，不在校园内骑车或踩在脚踏板上滑行。

2. 见到老师要主动问好。上、下课时起立向老师问好，进入办公室时喊报告，经允许后再进入，不准乱翻老师桌上物品，离校时与老师、同学道别。

3. 参加升旗仪式、做操、校内集会活动或校外集体活动，按指定地点做到“快、静、齐”，初一年级学生必须戴红领巾，全校学生穿校服。

4. 仪表大方，生活俭朴。不烫发，不染发，不化妆，不佩首饰，男生不留长发，女生不穿高跟鞋。夏天不穿拖鞋、吊带背心进校。

5. 着装得体，坐正立直，行走稳健，言行举止文明，使用好礼貌用语（请、您、你好、谢谢、对不起、没关系、再见）和体态语言（微笑、鞠躬、握手、招手、鼓掌、右行礼让）。对待客人或外宾，主动问好，微笑致意，起立欢迎，热情道别。

6. 预备铃响后，立即进入教室就座，做好上课准备。上课专心听讲，积极思考，做好笔记，发言举手，回答问题声音响亮，讲普通话，认真做好课内作业。实验课、信息课上，遵守纪律，规范操作，服从安排，爱护公物，注意安全。自习课要有专人负责，认真点名，检查到位，不准去操场打球或在校园内闲转。

7. 下课后，值日生及时擦净黑板，不追逐、打闹，不起哄、喊叫、吹口哨，不在教室内打牌、下棋或做有害身心健康的游戏，爱护花草树木，不攀折花木。

8. 中午实行静校制度，提前进班午休，保持整个校园安静。

9. 积极参加体育活动，有事、有病要请假。做操动作准确有力，爱护运动器材，注意人身安全。注意用眼卫生，认真做眼保健操。

10. 养成良好的学习习惯，课前认真预习，上课认真听讲，课后先复习后做作业，先思考后动笔，按时独立完成作业。

11. 养成良好的卫生习惯，各班坚持每周大扫除、每天两“小扫”（早、中做清洁），确保教室、清洁区全天候整洁、卫生，不随地吐痰，不乱扔纸屑、果皮和粉笔头。不在黑板、墙壁、桌凳、门窗等处乱涂、乱画、乱贴，室内物品摆放有序，不私拉乱接。

12. 在校期间，不得随便使用手机之类的通讯工具和MP3、MP4等娱乐工具，更不得携带、收藏、使用管制刀具及各类易燃、易爆物品等。倡导学生抵制“三闲”，即不带“闲书”进校，不讲“闲话”，上课不得“闲想”。

我的感悟

二桥中学学生一日常规三字文

按时起，勿迟到。要惜时，勤学早。

见老师，有礼貌。进教室，作业交。

值日生，勤打扫。重保洁，勿乱抛。

铃声响，要坐好。认真听，勤思考。

多锻炼，做好操。快静齐，秩序好。

闲杂书，莫进校。整仪容，恶习抛。

同学间，勿气恼。懂退让，多欢笑。

多交流，合作妙。勇探究，成就高。

我的感悟

二桥中学学生行为规范三字文

基于体

衣冠整，面孔洁；指甲清，头发净。

日刷牙，月理头；勤洗澡，常换衣。

按时睡，准点起；喜锻炼，强体魄。

卧如弓，坐如钟；站如松，行如风。

赖于德

饭吃饱，不挑食；拒烟酒，少零食。

积零钱，会理财；不虚荣，不贪心。

讲礼仪，雅谈吐；重诚信，知廉耻。

依于仁

有孝心，重情义；知感恩，能宽容。

志高远，品高位；宽待人，严律己。

有爱心，倡互助。

至于道

好读书，勤思考；有韧性，不畏难。

多交流，讲合作；尚变化，会创造。

懂责任，贵和谐；男君子，女淑女。

先做人，后做文。

我的感悟

二桥中学“阳光少年”“特长阳光少年”评选方案

在当前应试教育体制下，迫于中考的压力，很多学校纷纷以“时间加汗水”搏成绩，学生学得很苦很累，学习压力大。同时，在许多评价标准上看重的也是学习成绩，而忽视了对学生其他方面能力的考查。这种考查标准下的所谓优秀学生，只知道学习，不能发挥特长，不能张扬个性。

为改变这种以牺牲学生的身心健康为代价而换取考试高分的现状，我校提出“阳光少年”和“特长阳光少年”的评选标准，在关注学习的基础上，注重学生不同能力或特长的发展，让学生能在完成学业之外挖掘自己的潜能，促进学生的全面发展。在普遍意义上的好学生、好公民和好孩子的基础上，我们还确立了发展学生特长的培育目标，突出了体育和艺术特长的发展，为此，学校积极创设条件，开展系列化的课外兴趣小组活动和丰富多彩的文化艺术活动，发展学生的个性特长，让教育丰富起来，让学生有兴趣学习，让学生实现个性的张扬。

评选导向

1. 充分发挥我校的体育专长，成立各种体育运动社团，组织学校内的比赛，并参加市级、区级运动会，扩大影响。

2. 以“小组学习，合作学习”专题实验为契机，广泛开展课堂教学改革实验，形成轻松、愉悦的课堂氛围；并结合学科教学，开展自编课本剧、征文、手抄报、小发明、小制作、小论文、科普知识演讲等兴趣小组活动，调动学生的学习积极性，让学生自主参与学习过程，成为学习的主人。

3. 成立各种学生社团，组建美术、音乐、舞蹈兴趣小组，组织文艺汇演、书法绘画竞赛，聘请校外辅导员，开展专题讲座，到工厂车间进行社会调查实践活动等，让学生充分展示个性特长，注重学生的全面发展。

4. 在全校牢固树立“特色加合格”的观念，并形成特有的管理模式；建立一支合格的具有一定实力的特色教育教师队伍；在学校成立一到两个在市、区有影响力的学生社团，成立各方面、多领域的学生社团，并定期开展丰富多彩的社团活动，提高学校特色教育工作在市内的知名度。

评选标准

一、“阳光少年”评价标准

1. 模范执行《中小学生守则》《中学生日常行为规范》，热心为集体和他人服务，积极参加社会实践活动，诚实守信，尊老爱幼，团结同学，热爱劳动，遵纪守法，爱护环境，具有良好的社会公德和文明行为习惯。

2. 学习目的明确，具有良好的学习习惯和科学的学习方法；有较强的探索精神、创新意识和实践能力，各学科均衡发展且成绩优秀；有责任感，有集体荣誉感，做事认真、负责。

3. 坚持锻炼身体，具有良好的卫生习惯、健康的心理和健全的人格；有开朗、乐观的性格，面对困难要有积极向上的乐观精神；有朝气，心胸宽广、大度，不自私，不骄傲，不自以为是。

二、“特长阳光少年”评价标准

1. 有健康的心理，有诚实、守信的优良品质，有较强的与人合作的能力，能在和谐的人际关系中寻求发展，深得老师和同学的赞赏。

2. 是合格的中学生，能按照《中小学生守则》《中学生日常行为规范》的要求，遵守校纪班规；能认真学习，完成学校规定的学习任务。

3. 是有一定特长的学生。根据学生参加学校内、外各种活动和比赛的获奖情况，通过自荐、推荐和作品展示等，由班级组织评定学生特长，再报政教处审批。

表彰办法

1. 每学期，以班级推荐、老师把关、政教处审核的方式，各班评选出“阳光少年”，在全校大会上颁发荣誉证书，予以表彰。

2. 根据学校社团活动或比赛结果，设置“特长阳光少年”之不同奖项：雄鹰奖（体育）、彩虹奖（美术）、墨香奖（书法）、音韵奖（音乐）、探索奖（科技）、和谐奖（好人好事）、金桥奖（学校班级工作）、妙笔奖（征文）等，即时表彰和颁发荣誉证书。

我的感悟

二桥中学“阳光班级”“阳光示范班级”评选方案

班级是学校的基本组织形式，是学生自我教育、自我管理、自我服务的主要组织载体。好的班集体，能为学生提供健康向上的成长环境，对学生的自身发展和学校的校风建设起到促进作用。为进一步加强班集体建设，充分发挥团结学生、组织学生、教育学生的班集体职能，特制定“阳光班级”“阳光示范班级”评选标准及评选办法如下。

一、评选标准

1. 班级学生自信、乐观、宽容、积极向上，拥有良好的精神风貌。

2. 班级学生干部能以身作则，敢于并善于管理。全班同学在各方面互相帮助，班级有凝聚力。

3. 班级学生学习态度端正，学习勤奋刻苦，作业不抄袭，班风正，学风浓。

4. 班级学生纪律严明，出勤率高，上课不迟到、不早退，不无故旷课，课堂秩序好，自习情况好，考试不作弊。

5. 班级学生积极开展互帮互学活动，有切实可行的帮学措施且效果显著，全班同学在形成良好学风的过程中学习成绩稳步前进。

6. 班级文化建设有特色，班级环境优美，卫生保洁工作好。

7. 班级周常规考核成绩在年级中名列前茅。

8. 班级中有学生因考试作弊、打架等严重违纪行为受到学校行政处分的，将视情节轻重决定是否取消其评选资格。

二、评选办法

1. 每周轮流安排学生对各班常规工作进行考核，每周一升旗仪式后全校公布考核结果。对于考核优胜班级，学校发放“阳光班级”奖牌挂在其教室门外。

2. “阳光示范班级”每学期评选一次，采用学期初申报、学期末考核评选的制度，不申报的班级不予评选。

3. “阳光示范班级”评定的主要依据是每周班级常规考核情况（包括学生违纪情况记载）、期末班级学习成绩情况、学期班级活动获奖情况。经学校考核被评定为“阳光示范班级”的，在期末散学典礼上颁发奖状予以表彰。

我的感悟